EN BUSCA DE LA UTOPÍA

(Ensayo)

Lamberto García del Cid

0

Índice

Utopías a la carta

La aparición en el siglo XVI del género literario utópico constituyó un cambio de mentalidad de la sociedad. Rescatando el ideal elaborado por Platón de una República perfecta, el humanista inglés Tomás Moro escribió su obra ***Utopía*** en 1516. En sus páginas se describía una sociedad perfecta con arreglo a un igualitarismo de naturaleza cristiana: todos sus miembros tendrían trabajo, vivirían en régimen de comunidad de bienes, gozarían de un sistema público de educación y se mantendrían cohesionados en torno a un ideario colectivista donde primaría el bien común sobre el interés individual. Esa sociedad ideal se emplazaría en una isla llamada **Utopía** (del griego *utopos*, ningún lugar).

No obstante haber sido el libro de Tomas Moro el comienzo del género utópico, es muy antigua y generalizada la idea de que en la tierra existen ámbitos en que la vida humana se desenvuelve en términos de absoluta felicidad, lo que a su vez condujo a imaginar territorios idílicos. Platón, en sus obras *La República* y *Las Leyes* introdujo planteamientos sociales novedosos y cuasi utópicos. *La República* es más audaz que *Las Leyes* en cuanto que propone un sistema de comunitarismo radical en el que la inexistencia de la propiedad privada, incluidos en este concepto instituciones como el matrimonio o los hijos, aseguraría la armonía social. Ahora bien, esta especie de precomunismo radical únicamente estaba destinada a la clase de los dirigentes. En *Las Leyes*, Platón modera el tono, contentándose con una sociedad igualitaria en la que el reparto de tierras sea exactamente el mismo para cada familia, sin llegar a la eliminación de la propiedad privada.

Posteriormente, también en la antigüedad, se tuvo noticia de unas islas a las que en latín se denominó *Insulae Fortunatae*. De modo explícito se refiere a ellas Plinio, en su **Historia Natural**. También la citan Ptolomeo, Estrabón y Pomponio Mela, que narra algunas maravillas de las que ocurrían en ellas. Pero el texto más significativo acerca de estas islas se halla en la vida de Sertorio, escrita por Plutarco. Dice éste, en efecto, que en la desembocadura del Betis se encontró aquel caudillo a unos marinos que llegaban de tales islas. Contaban que en ellas llovía moderadamente, que los vientos eran suaves, que había mucho rocío y que en la tierra, blanda y fértil, se producían árboles con frutos abundantes y sabrosos, de suerte que los hombres vivían sin trabajos ni penas.

Fuera del orbe cultural occidental, sistemas filosóficos tan antiguos como el taoísmo o el confucianismo también suelen evocar sociedades igualitarias perfectas que se perdieron y convendría recuperar. Una de las referencias más antiguas que se han conservado se encuentra en el *Libro de los Ritos*, donde se menciona una perdida edad de oro en la que las personas trabajaban con el único objetivo de servir al bien común, sin alimentar egoísmos individuales. La tradición china denomina a esta edad *Datong*, la Gran Unidad. Más recientemente, esta visión utópica se recogió en novelas, como la de Tao Yanming (365-427) titulada *La fuente del jardín de los melocotoneros*, que describe una sociedad armoniosa y comunal en la que no existen las guerras, ni el gobierno, ni gabelas de ningún tipo.

De nuevo en occidente, las leyendas de islas paradisíacas o lugares de entorno feliz eran ocurrencias comunes. *El país de Cucaña* es uno de esos lugares míticos con tierras de mucho pan, bien aradas y bien regadas, fecunda y tendida al sol. En la Pinacoteca Antigua de Munich, hay un cuadro de Bruegel el Viejo (nacido en 1525) que representa, precisamente, «Das Scharaffenland», el equivalente al francés «Pays de Cocagne». En el *Dictionnaire comique* de P.J. Leroux se dice que es «mot inventé a plaisir» y que vale como país fértil y abundante, donde se encuentra todo lo que hace falta para vivir a gusto. En español su uso es bastante antiguo y en el diccionario de autoridades se lee que «cucaña» es italianismo, y lo ilustra con un texto del *Estebanillo*. En efecto, allí está con la acepción de país abundante, y le dicen "cocaña". En italiano, la expresión «paese di cucagna» es muy usual y dio título a una novela de Matilde Serao. Por otra parte, en castellano se ha usado también un nombre distinto para aludir a un país feliz y abundante: «tierra de Pipiripao».

En el paso quinto de ***El deleitoso*** de Lope de Rueda, que se publicó en 1567, un ladrón, Honzigera, hace referencia a la Tierra de Jauja, tierra en la que se azota a los hombres por trabajar. Luego sigue: «Mira: en la tierra de Jauja hay un río de miel y otro de leche, y entre río y río una fuente de mantequilla encadenada de requesones, y caen en aquel río de la miel, que no paresce sino que están diciendo: cómeme, cómeme»; árboles cuyos troncos son de tocino; sus hojas son hojuelas, el fruto buñuelos «Y caen en aquel río de la miel, quellos mismos están diciendo: "máscame, máscame". Todavía hay más: «En la tierra de Jauja las calles están empedradas con yemas de huevos, y entre yema y yema un pastel con lonjas de tocino», y las mismas dicen: «tragadme, tragadme». Los asadores son de trescientos pasos de largo, con muchas gallinas, capones, perdices, conejos y francolines. Junto a cada ave hay un cuchillo que dice: «engolléme, engolléme». Además hay muchas cajas de confitura, calabazote, diacitrón, mazapanes y confites, «ragea» y unas limetas de vino. Bebidas y comidas repiten: «Bebéme, coméme». Aparte de esto muchas cazuelas con arroz, huevos y queso. El sitio ideal para un glotón. Los refraneros no dejaron de recoger noticias tocantes a Jauja: «En la gran ciudad de Jauja, se come, se bebe y no se trabaja», o «En la tierra de Pipiripao, donde no se conoce el trabajo, todos mueren de hartazgo».

Pero es sin duda *Utopía*, de Tomás Moro, el libro que desencadena un aluvión de fantasías semejantes en la literatura. Tomás Moro fue canciller del rey Enrique VIII de Inglaterra y un importante humanista del Renacimiento. Tenía el proyecto de escribir a dúo con Erasmo de Róterdam una novela social que inicialmente denominaron *Nostra nusquama insula, "nuestra isla del Jamás"*. Sin embargo, ante las escasas posibilidades de llevar a cabo el proyecto, Moro decidió hacerlo por su cuenta. *Utopía*, publicada en 1516, es una novela de viajes escrita en latín y con trasfondo social. Consta de dos libros. El primero, el menos conocido, es una denuncia de las desigualdades económicas y sociales de la Inglaterra de su época. El punto de partida de la segunda parte, la más conocida, son los relatos de los navegantes procedentes del Nuevo Mundo, en concreto, de un portugués, llamado Hitlodeu, seguramente un personaje ficticio, quien, en el puerto de Amberes, le cuenta al autor el feliz hallazgo de una isla paradisíaca, no sólo por sus paisajes sino, sobre todo, por su organización social, *"no hay lugar en el mundo en que la gente viva más feliz"*.

Utopía, tal como lo describe Tomás Moro, es un paraíso socialista. La propiedad privada ha sido abolida. Se trabaja seis horas diarias: tres por la mañana y tres por la tarde. Hay grandes comedores comunitarios para almorzar y después se disfruta de dos horas de descanso. Las mujeres trabajan igual que los hombres y existen casas comunales con jardines de infancia. Los enfermos son cuidados en hospitales donde trabajan médicos competentes. La eutanasia está permitida (sólo se castiga a los suicidas arrojando su cuerpo a un pozo sin haber recibido previamente la bendición religiosa). Los alimentos se reparten en grandes almacenes y cada uno recibe lo que solicita sin contraprestación de ninguna clase. Dado que hay abundancia de todo, no existe el peligro de que nadie desee enriquecerse. No existe el dinero. Las puertas de las casas están permanentemente abiertas. El oro es empleado para hacer orinales y otros utensilios cotidianos. Los niños juegan con los diamantes. Cuando arriban embajadores de otros países, ataviados con sus trajes suntuosos y cuajados de piedras preciosas, el efecto que causan a los utopianos es de asombro y vergüenza. *Utopía* fue traducida a numerosos idiomas, cosechando un gran éxito durante siglos. Penetró sin dificultad en la España inquisitorial gracias al reconocimiento de Moro como santo de la Iglesia católica, pero no por su fama de gran humanista. Su recepción fue muy celebrada, siendo muchos los seguidores españoles y siendo precisamente el mundo hispánico el protagonista de la puesta en práctica de un sistema organizativo basado en las tesis de

Moro. Vasco de Quiroga, oidor de Nueva España y obispo de Michoacán desde 1537, fundó en 1531 el hospital-pueblo de Santa Fe. Dos años más tarde creó un segundo núcleo en Michoacán, al que también denominó Santa Fe, todo ello con recursos propios. Su objetivo era levantar en el Nuevo Mundo una sociedad acorde con los principios del primer cristianismo, apoyándose en la teoría utópica descrita en la novela de Moro. Las dos poblaciones prosperaron, llegando a fundarse algunas más, alimentadas por el buen trato que recibían los indios en contraste con la situación de explotación vivida fuera de sus límites.

Italia no se quedó al margen del florecimiento utópico. Anton Francesco Doni, florentino amigo de Dante Alighieri, publicó en 1552 *I Mundi* (*Los mundos*), Un libro inspirado en la Utopía de Tomás Moro, que el mismo Doni había publicado en Venecia en 1548. *Los mundos* se considera una utopía renacentista precursora de otras ficciones utópicas posteriores, como *La ciudad del sol,* de Campanella. La obra describe una sociedad comunista no sólo en lo material sino en lo sexual, donde se destruye el concepto de matrimonio tradicional. Junto con la obra de Moro, se considera la obra utópica más importante del Renacimiento.

Francesco Patrizi, geómetra, historiador, militar y poeta, escribió en 1553 *La Ciudad Feliz,* describiendo una sociedad en la que habrían de gobernar únicamente los más aptos. Esta extraña utopía presenta una sociedad desigualitaria, donde se lleva al extremo la jerarquización y la división del trabajo. Tres grupos humanos, mediante esfuerzos físicos agotadores, aseguran con su sufrimiento la felicidad de otros tres grupos humanos. Se dice que Patrizi ideo su *ciudad feliz* para defender el modelo político aristocrático expuesto por Aristóteles en su *Política.* También se dice que su modelo fue la Venecia de su tiempo, dominada por una aristocracia fuertemente jerarquizada.

Siguiendo en Italia, un fraile, Tommaso Campanella, escribió en 1602 **La ciudad del sol** (*La Cittá del Sole*), y organizó su ciudad imaginaria de acuerdo al principio urbanístico renacentista de que la urbe perfecta debía tener diseño geométrico (siglos más tarde, esa receta recibiría el homenaje del arquitecto Le Corbusíer, quien dijo que «la ciudad de hoy agoniza porque no ha sido construida geométricamente»). Campanella estableció su utopía en Ceilán, donde se consideraba al Sol como Ser Supremo. A la cabeza del gobierno está el Sacerdote Sol. Junto a él se hallan las tres personificaciones del poder, de la sabiduría y del amor. La ciudad del Sol es un Estado centralizado: sólo existe la propiedad colectiva, que es repartida por las autoridades. El Estado regula incluso el emparejamiento de hombres y mujeres de acuerdo con el principio de la optimización de los factores hereditarios (lo que posteriormente se conocería por eugenesia). La cópula ha de realizarse cada tres días, en un momento fijado concreto previamente por los médicos. Los hombres con un impulso sexual demasiado fuerte como para soportar los dos días de abstinencia pueden satisfacerse con mujeres embarazadas o estériles. Una mujer que no logra quedarse encinta es entregada a un segundo hombre. Si este segundo intento también fracasa, la mujer pasa a ser un bien común de todos los hombres. La verdad es que a ojos de hoy resulta difícil comprender que *La ciudad del Sol* haya constituido la visión de un Estado ideal. Quizás se entienda la rigidez o sesgo pesimista de Campanella si decimos que la obra fue escrita cuando el autor sufría prisión acusado de patrocinar una insurrección popular en Calabria. La obra es una gran fantasía teocrática en la que los ciudadanos adoran a un Dios poco definido. Sus habitantes son todos sabios, han sido educados en la virtud y esto les hace comprender que los beneficios del comunitarismo son inmensamente superiores a los del individualismo. Campanella pone el acento en la cultura, ya que considera que un hombre formado no va a dejarse manipular por los elementos ricos y dominantes de la sociedad, a los que les interesa mantener al pueblo sumido en la ignorancia para asegurar su dominio. Como Moro, Campanella propone la rotación domiciliaria, produciéndose ésta semestralmente en contraste con la de los utopianos, que cambiarían de casa cada diez años, y supera la oferta del inglés reduciendo a cuatro horas diarias la jornada laboral.

La república de Evandria, de Ludovico Zuccolo (1568-1630) fue publicada en 1625, entre la condena de Giordano Bruno y el proceso contra Galileo. La obra describe una sociedad ideal en boca de Ludovico da Porto, anciano padre de Gabriel da Porto que le escucha embelesado. La utopía consta de tres partes: una puesta en escena, que repite los lugares comunes de las utopías (alusión a un viaje, ganas de saber y admiración por el descubrimiento), la descripción de los usos y costumbres de los evandrinos y, finalmente, una exhortación postrera a la nación italiana. Evandria, *bonhomía*, es descrita como una península de istmo abrupto y escarpado, ubicada en los remotos confines del Asia, y su capital, Agathia, viene a ser del tamaño de Venecia o de Milán. La arquitectura de la ciudad, como viene siendo habitual en este tipo de obras, está dispuesta como escenario racional para una vida sana y virtuosa. La sanidad ocupa el primer rango en la sociedad evandrina. Hay controles de higiene pública y privada, hay baños públicos, existe un programa estricto de nutrición.

Un siglo más tarde de la **Utopía** de Moro, Francis Bacon, a quien se reputa como el fundador del método experimental científico, publicó en 1626 **La Nueva Atlántida** (*The New Atlantis*). En esta utopía se describe una tierra mítica, Bensalem, a la que él viaja. Los mejores y más brillantes de los ciudadanos de Bensalem pertenecen a un centro de enseñanza denominado La Casa de Salomón, donde se llevan a cabo experimentos científicos según el método inductivo que el propio Bacon propugnaba. El objetivo es comprender y conquistar la naturaleza para poder aplicar el conocimiento obtenido para la mejora de la sociedad. En Bensalem, el conocimiento es considerado como el más preciado de los dones. La sociedad ideal pro-puesta ya no se basaba tanto en principios cristianos como en el poder de la ciencia. Esta ciudad utópica no conoce la poligamia ni la homosexualidad o la prostitución. O por lo menos no se nombran, quizás con el objetivo de que, al no nombrarse, se niegue su existencia. *La Nueva Atlántida* dio un nuevo giro a la novela utópica.

El teólogo luterano alemán Johann Valentin Andreae (1586-1654), publicó en 1619 el libro **Cristianápolis** (*Reipublicae christianopolitanae descriptio*). En esta utopía una tempestad desencadenada en el mar Académico ha lanzado a la nave Fantasía a las costas de la isla-república de *Cristianápolis*, cuya capital es Cafarsalama. En esta isla-república hay instaurada una feliz sociedad teocrática, de índole comunista, cuya estructura se funda en la organización geométrica del poder, el trabajo y la convivencia. Cafarsalama está construida sobre un cuadrado de 230 metros, bien fortificada. En el centro hay un gran templo, las moradas de tres pisos están construidas según el criterio de la salubridad, y allende las murallas hay espacios abiertos donde pululan las bestias salvajes. Este cuadrado urbano refleja una división cuatripartita a partir del templo, de modo que cada sector se dedica a una actividad: en la zona oriental se ejerce la agricultura; en la zona meridional hay siete molinos y siete panaderías, almacenes de víveres y talleres mecánicos; en la zona septentrional se hallan los mataderos y los mercados; en el occidente, las manufacturas. Los gremios eligen a 24 ediles, que forman el Consejo político, mientras el Consejo ejecutivo lo integran un triunvirato de sabios: el presbítero (sumo sacerdote de la ciudad-estado), el juez (supervisor y regulador de la convivencia social) y el ministro del saber y las ciencias (celador de la cultura humana); entre los tres, ayudados respectivamente por un diácono, un economista y un canciller, y por una sólida red de íntegros funcionarios, gobiernan una ciudad ordenada en pos de la vida eterna.

John Wilkins, religioso y naturalista inglés, publicó en 1638 *Descubrimiento de un mundo en la luna*, donde se plantea la posibilidad, que el autor trata de demostrar, de que en ese planeta puede haber un mundo habitable. En la tercera edición de la obra, de 1640, incluye un capítulo adicional, que plantea la posibilidad de un viaje a la luna.

La república océana (*The Commonwealth of Oceana*), de James Harrington (1611-1677) escrita a mitad del siglo XVII, es deudora de las utopías clásicas de Moro, Campanella y Bacon. *Océana* es la propia Inglaterra, a la que el legislador Olfeo Megaletor (alter ego de Cromwell), asistido por 50 legisladores, ha dotado de una Constitución perfecta, singularmente previsora, cuyo fundamento es el derecho de propiedad; *Emporium* es Londres, *Marpesia* es Escocia y *Panopea* es Irlanda. El puritano autor propone que Océana sea gobernada por un Senado bicameral, elegido por sufragio directo y renovable de año en año en un tercio de su composición. La función principal de este Senado consistía en regular el derecho de propiedad de la tierra, para que ésta no cayese en manos de una sola persona (tiranía), de una clase (oligarquía), ni de la masa desarraigada (anarquía). El poder legislativo pertenecería al pueblo, que votaría las leyes elaboradas en el Senado, mientras que el ejecutivo y el judicial estarían en manos del Arconte o Protector de la república.

Nueva Solyma, de Samuel Gott (1613-1671), es otra utopía puritana inglesa, publicada en 1648, la cual mantiene un carácter milenarista que propende a la creación de una *Nueva Jerusalén* donde los judíos se hayan convertido al cristianismo. Gott albergaba la convicción de que sólo la fe cristiana proporciona una comprensión válida del universo y un modo de vida acorde con la felicidad. La novela cuenta la llegada de dos jóvenes ingleses a *Nueva Solyma* (ciudad ideal fundada tras el reasentamiento judío en Tierra Santa), en el día de la fiesta nacional. Allí, durante un año, viven mil peripecias, al tiempo que van conociendo y asumiendo el modo de vida de sus habitantes. El Estado es republicano, gobernado por un Senado elegido anualmente por sufragio popular, y el sistema familiar es patriarcal. La educación contempla una enseñanza elemental para el pueblo, y otra burguesa dedicada al conocimiento de las lenguas vivas, útiles para el comercio. El trabajo se ordena en torno a la agricultura y la industria, componiendo un ideal de vida laboriosa. Pero la vida moral se apoya en los dogmas centrales de la religión cristiana: la razón, la fe y la experiencia llevan al autor a aceptar la necesidad de un Creador del mundo, la redención de la Humanidad de la caída en el pecado, y el sentido teleológico de la vida virtuosa, dado que la felicidad sólo es alcanzable en la otra vida, con el amor y el conocimiento de Dios.

Cyrano de Bergerac, comediógrafo, poeta filósofo, espadachín, escribió una doble utopía que se publicarían póstumamente. La primera vio la luz en 1657: ***Viaje a la luna, o los Estados e imperios de la luna*** (*Histoire comique des Estats et empires de la Lune*) y otra en 1662: ***Los Estados e imperios del sol*** (*Histoire comiqué des Estats et impires du Soleil*). Este peculiar dúo utópico recoge y asimila las ideas astronómicas de Galileo y el pensamiento astrológico-utópico de Campanella, a quien Cyrano conoció en París. En estas obras se relatan, en vis humorística, dos viajes del protagonista, el propio Cyrano, uno a la luna y otro al sol, en los cuales describe a los habitantes de esos mundos. Estos viajes imaginarios son un pretexto con el que expresar su filosofía materialista y hacer una crítica de la sociedad y las ideas y creencias de la época, tan dada a la hipocresía mojigata.

La obra **Tierra Austral** (*Las aventuras de Jacques Sader durante el descubrimiento y el viaje a la Tierra Austral*), de Gabriel de Foigny (1630-1692), fue publicada en 1676. Se trata de un relato en primera persona y donde al protagonista le ocurren un sinfín de aventuras fantásticas. Un naufragio deja solo y huérfano a Jacques Sadeur en España; a los 20 años los piratas lo raptan y trasladan al Congo; abandonado en una isla, pájaros gigantes lo transportan a la tierra austral, donde los nativos, que son hermafroditas, acogen a Sadeur con agrado; pero éste se enamora de una mujer enemiga y, amenazado de muerte, huye a lomos de otro gran pájaro a Madagascar y retorna luego a Europa, olvidando el manuscrito de sus peripecias, que es encontrado y publicado por Foigny.

El país austral de Foigny está inspirado en una mentalidad racionalista y geométrica: se extiende entre el mar y montañas inaccesibles y se compone de quince mil ciudades de dieciséis barrios cada una, y cada barrio tiene veinticinco casas en donde moran dieciséis personas. Hay en él sesenta mil *Hebs* o escuelas, de ochocientos alumnos cada una, resultando una población total de ciento cuarenta y cuatro millones de personas, que viven en libertad y en uniformidad de lengua, costumbres y moradas. Los moradores de esas tierras son sanos, deportistas y vegetarianos; como hermafroditas, han vencido la tentación de la carne y ahuyentado los tormentos del sexo; eliminan a los niños que por azar nacen con un solo sexo, para mantener la autonomía reproductiva unipersonal bajo una fórmula que gozó de cierta celebridad en Francia en los siglos XVI y XVII, y que recuerda el mito del andrógino de Platón. Los ancianos, a la edad de cien años, piden el "gran descanso" que proporciona el *Balf,* fruta de la felicidad que provoca, según la dosis ingerida, la euforia o la muerte.

En España se concibió un proyecto utópico que se deonimó **Sinapia**, una supuesta península de la Tierra Austral (de nuevo) que no viene en los mapas. Vendría a ser la imagen invertida de la España a finales del siglo XVII, una utopía española descrita en el manuscrito anónimo encontrado entre los documentos pertenecientes a Pedro Rodríguez de Campomanes. En **Sinapia** se quiere despistar al lector advirtiendo que se trata de una traducción francesa del diario en holandés de Tasman, pero el autor de ese libro debió ser un español ilustrado, con capacidad crítica. Pone un río Pa que recuerda al Tajo y una capital llamada Ni que es como Madrid, después de todo, ordenando de otra forma las letras, de «Sinapia» sale «Ispania». La población de Sinapia es de negrillos zambales, y luego se establecieron allí malayos, peruanos y chinos: una imagen certera de Filipinas. Una muestra de su carácter utópico es el motto de la nueva sociedad: «En Sinapia se practica la perfecta igualdad».

El padre Feijoo (1676-1764) discurrió ampliamente sobre la geografía imaginaria, comenzando por lo que se había dicho y escrito acerca de **Las Batuecas**: un país aislado, poblado no sólo por salvajes sino también por demonios. La voz la habían hecho correr los pastores de tierras vecinas. Feijoo también recoge noticias de otros países imaginarios, como la Atlántida descrita por Platón. Otra isla fabulosa es la «Panchaia», isla feliz, riquísima en incienso. Las otras tierras fabulosas que recuerda Feijoo se hallan citadas o descritas en textos más modernos. Así, una supuesta tierra de Georgia, llamada Ansen, que según don Sebastián de Medrano, está cubierta permanentemente por una nube oscura que hacía que las gentes y animales que la habitaban fueran invisibles. No tan fabulosos son los testimonios relativos a El Catai o Gran Catai, sobre los que Feijoo apenas se refiere. Con más extensión se ocupa Feijoo de la legendaria **Isla de San Borondán**, que se decía que se había visto desde la Isla del Hierro, en Canarias. En este recuento le siguen referencias sobre la supuesta isla de Frislandia, en el Norte, y sobre la llamada Java menor. Da fin con las supuestas tierras que se decía existían en el continente americano: el Gran Paititi, El Dorado, el país y la ciudad de los Césares, en Chile, y la Gran Quivira de Méjico; todos con unos caracteres de bondad fabulosos.

Las primeras utopías no tenían nada de futuristas; se emplazaban en la época del autor o en un limbo temporal, siempre en otra parte, a la usanza de la República de Platón. Representaban, por regla general, un progreso respecto del orden vigente (la sociedad ideal pintada por Moro apenas disimulaba una dura invectiva contra el avance del capitalismo en Inglaterra, cuyas primeras víctimas fueron los agricultores, expulsados de sus tierras al privatizarse los campos comunales). Propugnaban un orden social justo, cuyo establecimiento podía librarse a la mano de la Providencia Divina, pues requería de la actividad terrenal del hombre. Pero el factor temporal no intervenía en ellas de forma decisiva. Durante el siglo XVIII, la situación varió rotundamente: las utopías viajaron al futuro y se aposentaron en él. El mañana pasó a ser sinónimo de progreso. Así, en 1750, A. R. Turgot, un distinguido ilustrado, leyó en la Sorbona su texto *Avances sucesivos en la mente humana*, una ardiente defensa de la teoría del Progreso.

En 1753 se publicó **Basilíada, o naufragio de las Islas Flotantes**, de un tal Morelly (1717-1778). El autor recurre al ardid de la traducción de un manuscrito antiquísimo del brahmán y fabulista indio Pilpay. En medio del océano hay una isla dichosa donde mora un pueblo inocente, ajeno a cualquier forma de propiedad; creen firmemente en un Dios revelado por la naturaleza, pero se abstienen de definirlo; el amor, lícito desde la pubertad, es libre y espontáneo, por lo que resulta inútil la institución del matrimonio. La organización política la rige la familia más antigua de la isla, que transmite generación tras generación el arte de reinar para la felicidad de las gentes. A este prócer le llaman *"le pere immortel de la patrie"*. Las leyes positivas son pocas y breves. Frente a otras islas flotantes cercanas, frente a otros países del mundo (la vieja Francia plagada de vicios y codicias), la isla gobernada por el príncipe Zeinzemín se presenta como el reino de la Verdad sin artificio.

En la ***Histoire des Galligenes*** (1765), libro utópico de Charles Francoise Tiphaigne de la Roche, rige un comunismo que se extiende a las mujeres e hijos; los naturales «no conocían en absoluto ese deseo inquieto de ser otra cosa que lo que se es, fruto aciago de la diferencia y la desigualdad de las condiciones. Tenían todos la misma suerte y unos no eran en absoluto objeto de envidia de los otros. Los bienes y los males les eran comunes». Nadie se siente constreñido por la uniformidad o la repetición, pues los utopianos vienen adaptados a ellas por una concordancia que los hace dichosos. La sagrada ley utópica une a toda la comunidad sin una sola fisura. La obra se narra como si fueran las memorias de un tal Duncan.

El año 2440, de Louis Sébastien Mercier, publicada en 1770, es una utopía que relata un hallazgo afortunado tras un naufragio. Se trata de una de las primeras "ucronías", en la que se proyecta el diseño de un nuevo París al año 2440, una huida de una realidad que no le satisfacía para trasladarse a lomos del progreso pero en fórmula urbana. Un viejo inglés, descontento por la infelicidad y la hambruna que sufren las ciudades de Londres y París, que hacen imposible el bienestar público, experimenta una catarsis al pasar un puente sobre el Sena. Al otro lado del *Puente del cambio*, contempla un futuro urbano:

Estatuas magníficas, fuentes límpidas, edificios con bellos ornamentos, avenidas de luz clara. Los hospitales, cementerios, cárceles y manicomios han sido desterrados de la ciudad. La Bastilla ha sido arrasada edificando sobre sus ruinas el Templo de la Clemencia, las Tullerías aparecen engalanadas con bellos jardines; y los edificios, proyectados por arquitectos de la Academia de las Ciencias, reúnen todas las condiciones de limpieza e higiene para ser marco ideal de la convivencia. La ucronía de Mercier revela su confianza en la perfectibilidad del ser humano y su fe en la inevitabilidad del progreso material y moral de la sociedad.

Pero quizás no todo fuera tan perfecto y entre líneas se perciba señales poco halagüeñas. Así opina Roberto Calasso: "Como todas las utopías razonables, era un lugar de Tedio y Probidad. Las calles estaban iluminadas con constantes luces y las bibliotecas purgadas de cualquier escrito pernicioso". Percibe también

Calasso tintes antisemitas en la nueva utopía: La peligrosa fermentación de los judíos, invasores y rapaces por culpa de la «escasa vigilancia de los siglos precedentes», se había detenido finalmente. Sí, había sido necesaria «sabiduría, constancia y firmeza para descomponer aquel ardiente fanatismo», pero ahora los judíos estaban reducidos finalmente a «ganarse la vida con una tranquilidad absoluta». Mercier no ofrece posteriores precisiones sobre este tema.

Seducido por la ucronía de Mercier, a quien admiraba, Nicolás Restiff de la Bretonne (1734-1806), hijo de campesinos, exclamó: "Oh mis queridos conciudadanos, ¿cuándo veremos realizados nuestros sueños? Restiff, había diseñado una utopía agraria en 1776 titulada *El campesino pervertido, o, los peligros de la ciudad,* (*Le Paysan perverti, ou Les dangersde la ville*). En la aldea comunitaria de Oudun se rescataba al ciudadano de todas las perversiones urbanas para restituido al seno ideal de la naturaleza. La organización social concuerda con el más puro estilo del socialismo utópico. En su sueño utópico, Restiff profesa una firme convicción en el ideal del progreso. En el lejano año que nos presenta (el año 2000) se habría producido la eliminación de todas las desigualdades sociales. Existiría una sociedad fraternal, una gran comunidad de naciones unidas en alianza a Francia, a la sazón gobernada por el *bienamado monarca Luis Francisco XXII.* Esta nueva sociedad representa el logro definitivo de los ideales revolucionarios: libertad, igualdad y fraternidad. Otra novela utópica de Restiff, en forma de viaje, es *El descubrimiento austral de un hombre volador, o El laberinto francés*, publicada en 1781.

A Mercier, no obstante, lo anticipó en 1763 un autor anónimo de nacionalidad británica, con *El reinado de Jorge VI, 1900-1925*. Efectivamente, un monarca llamado Jorge VI reinó en el siglo XX, pero, fuera de este acierto, el autor erró en lo fundamental. En su mundo imaginario la población no crecía, las ciudades se mantenían con dimensiones manejables y las colonias americanas no se sentían tentadas por independizarse de Su Graciosa Majestad. Tampoco previó los efectos de la Revolución Industrial, incipiente al momento de escribir su obra. Fue un libro olvidado y olvidable.

En la segunda mitad del siglo XVIII, apareció un relato de viaje imaginario a una tierra de promisión. Primero apareció en italiano en 1764, como si fuera traducción del inglés. Su autor: el veneciano Z. Seyiman (1708-1784), el título: *Viaggi di Enrico Wanton*. Fue traducido al español por don Gutierre Joaquín Vaca de Guzmán y Manrique, pocos años después de su aparición, pero la publicación fue suspendida por orden gubernamental. Más tarde Vaca de Guzmán completó por su cuenta la edición.

La estirpe de futuristas ilustrados llegó al pináculo con el Marqués de Condorcet y su opúsculo de 1793: *Esbozo de un cuadro histórico del progreso de la mente humana*. Escrito en la clandestinidad, el autor fugitivo del terror revolucionario que finalmente lo enviaría a la guillotina, rezuma, sin embargo, un enorme optimismo. No sólo afirmaba la existencia del progreso, la instrucción y el bienestar social; además intentaba pronosticar su dirección. Sus vaticinios se han demostrado bastante acertados. Ningún visionario de su época ha pasado la prueba de los hechos con tanta holgura. Condorcet anticipó la independencia de las colonias del Nuevo Mundo, que se beneficiarían del saber acumulado por las metrópolis. Predijo el fin de la esclavitud; que la ciencia realizaría rápidos avances; los granjeros producirían más y mejores alimentos por unidad de tierra cultivada, la gente disfrutaría de más tiempo libre, y se desarrollaría el control de la natalidad.

No quiero dejar de reseñar el texto utópico del gran filósofo de la época, Immanuel Kant. En *La paz perpetua*, anticipó por medio de una fantasía política cómo el enorme potencial de destrucción acumulado por las naciones les obligaría a firmar la paz de una vez y para siempre, dotándose de una «constitución cosmopolita» y gobernándose por una confederación mundial. La aspiración no cayó en saco roto; en el siglo XX, la Sociedad de Naciones y la Organización de las Naciones Unidas plasmaron, si bien defectuosamente, la «paz perpetua» avizorado por Kant.

Saint-Simon originó una escuela de predictores exaltados. Su principal discípulo, Barthélemy Enfantin, describió la sociedad industrial del año 2240, basada en una fuerza dinámica parecida a la electricidad aunque mucho más ventajosa. Gracias a ella las estepas de Rusia, un yermo inmenso, se tornarían cultivables, y las carreteras unirían Europa con las tierras allende el Cáucaso y los Urales.

Etienne Cabet (1788-1856) fue un utopista francés. Medio filósofo, medio político, publicó en

1840 *Viaje a Icaria, o las aventuras de Lord Carisdall.* En esta obra, Cabet narra en forma de novela sus teorías sobre la sociedad perfecta. Todo era de todos, no existen diferencias sociales, políticas o económicas. Los planteamientos ideológicos de Cabet eran rudimentarios y no aportaban nada nuevo. Sin embargo, esta misma sencillez dotó a la doctrina de Cabet de un vigor extraordinario, de una facilidad de comprensión y expansión como nunca otra teoría utopista habría tenido hasta entonces, hasta convertirla en una corriente política. La Francia de mediados del siglo XIX abrazaba en su magín las ideas del protagonista de la obra de Cabet, el inglés Lord Carisdall, quien vive en un mundo llamado Icaria, un mundo organizado bajo un igualitarismo radical en el que no existe la propiedad privada, siendo el material de trabajo y ocio, así como los rendimientos laborales, disfrutados en régimen de comunidad de bienes. A cambio, todos los hombres y mujeres que lo componen están obligados a trabajar sin salario, inspirados en el lema de "a cada uno según sus necesidades y de cada uno según sus fuerzas". Tanta repercusión tuvo el libro que dio lugar a un "movimiento icariano". Cabet compró unas tierras en Texas para ciudadanos franceses, donde pretendía instaurar su estado utópico. Fracasó. Lo intentó varias veces más, pero siempre le llegó el fracaso. Mas sus ideas si tuvieron cierta influencia: un mundo sin dinero en una tierra donde se diera la igualdad natural.

El *Viaje a Icaria* fue una de los hitos más destacados del socialismo utópico francés del siglo XIX y, además, es una de las pocas utopías que no se quedó en ensoñación de escritor visionario. Su autor pretendió "construirla" de verdad en el espacio y en el tiempo, de tal suerte que la obra hay que entenderla no como un fin estético, sino como simple instrumento del proyecto, al servicio de la edificación práctica de una utopía posible.

Charles Fourier, el otro gran socialista utópico, no se quedó atrás: en un futuro, decía, las pasiones serían armonizadas y la pobreza abolida; incluso el mayor obstáculo interpuesto a la expansión de la Humanidad -los océanos salados- se transformarían ¡en limonada! Sus pretensiones de clarividencia rivalizaban con las de Saint-Simon. No había más que oírle: «Entré en un nuevo mundo científico (...) hasta que llegué al cálculo de los destinos universales o la determinación del sistema fundamental que regula las leyes de todos los movimientos pasados, presentes y futuros».

Falta de privacidad en las utopías

*Como bien observa Miguel Catalán (**Anatomía del secreto**), en el reino de la utopía de Tomás Moro, lo comunitario obligatorio (comedores, refectorios,* *asambleas) hace que todos los ciudadanos se observen entre sí. Esta característica, en opinión de Catalán, bien pudo haberla tomado prestada de las costumbres espartanas de eliminar el lujo y la riqueza y fomentar el espíritu de equipo. Así mismo ocurre con los solarianos de Campanella, donde desde niños sus habitantes duermen en dormitorios colectivos sin el lujo de la privacidad. Está claro que estos pseudoparaísos pretenden eliminar el yo, el individualismo que en la época de sus autores solía ser la fuente de los principales conflictos. Los lugares de reuniones, como las cantinas, los lugares de reuniones, debían ser públicos. El disimulo está proscrito, o mal visto, condenable. Esta falta de privacidad demuestra la falta de sentido de estas elucubraciones, pues la intimidad se remonta a los orígenes del hombre, dónde incluso se ocultan los pensamientos a los dioses. Se pretende en estas sociedades perfectas que desaparezca el fraude, la mentira, la adulación, el adulterio, que son los atributos propios del hombre. De ahí que nunca triunfen en nuestro mundo las utopías, o de hacerlo, den paso a terribles distopías. Y lo dijo Dom Deschamps (nombre con el que se conoce al utopista y filósofo francés Léger Marie Deschamps (1716-1774): «Ya no habrá leyes, pues el hombre habrá recuperado el acuerdo espontáneo con la naturaleza; no más afectos particulares, pues cada cual se sentirá parte indivisible de un gran todo; la propia lengua se simplificará, ya que el pensamiento será menos complejo (...)" Incluso los afectos particulares deberán pasar a ser colectivos. Siguen sin comprender.*

La segunda gran oleada de utopías comenzó a mediados del siglo XIX. Las utopías de los siglos XVI y XVII se situaban en islas lejanas a las que se llegaba en barco, o zonas inaccesibles y ocultas descubiertas por viajeros por extrañas coincidencias. Las utopías a partir de entonces ya no estarán en zonas paradisíacas coetáneas del escritor, sino en el futuro. El camino para alcanzarlas era el progreso y la técnica, la mecanización de procesos y los descubrimientos científicos. Sus autores confiaban ciegamente en estos avances y hubo incluso personajes que quisieron no exponerlas en un libro sino llevarlas a la práctica. Como Ebenezer Howard, urbanista, que construía ciudades jardín para los trabajadores, otros, como John Harvey Kellogg, que pronostica que EE.UU. liderará este aumento del bienestar social por medio de la comida, que él propone que sea fácilmente digerible (acuérdense de la marca más famosa de copos de maíz) y sencillos de preparar. También resurge la idea preferida de todas las utopías: la abolición de la propiedad privada. En estos planificadores utópicos, ya sean reformadores sociales o escritores, se dan coincidencias de deseos: los pueblos son cada vez más bonitos, más sanos, mejor planificados, la ropa más práctica, la comida más natural y nutritiva, la propiedad comunal.

Uno de estos reformadores o utopista, Karl Marx, fundamentó en el conocimiento de las leyes históricas sus argumentos para predecir la evolución social. A partir de un novedoso enfoque de los sistemas económicos establecidos desde la antigüedad, Marx dedujo las constantes que gobernaban las sociedades modernas. Con tales leyes en la mano, el filósofo alemán elaboró un conjunto de predicciones sobre el futuro a partir de la actual fase capitalista. A ésta le habría de seguir, revolución mediante, un régimen de transición dirigido por la clase obrera, el socialismo (los primeros países en tomar esa senda serían los más avanzados, Alemania, Estados Unidos e Inglaterra); finalmente, la extinción del Estado, la propiedad privada, el dinero y la discriminación entre trabajo intelectual y manual conducirían a un orden superior, la sociedad sin clases: el comunismo. Sus predicciones estaban teñidas de inexorabilidad; tal como Marx pintaba las cosas, parecía harto improbable que el capitalismo escapara a la condena a muerte dictada por el tribunal de la Historia. Ahí se equivocó.

Joseph Déjacque fue un escritor anarquista francés. En su obra principal, *El humanisferio,* *1858,* describe un mundo ideal ambientado en el año 2.858. En esa época el ser humano ha superado, como colectivo, el estado infantil y vive en un mundo de libertad total. Cualquier tipo de jerarquía, gobierno, legislación o estructura coercitiva ha sido eliminada. Los humanos han descubierto que la libertad plena lleva al desarrollo del más genuino y poderoso aspecto de la humanidad: el egoísmo. Sin él, el hombre no habría sobrevivido ni como individuo ni como especie. Aplicado hasta sus últimas consecuencias, este denostado sentimiento desemboca indefectiblemente en el altruismo. Pues las buenas acciones provocan bienestar, y darse cuenta de ello supone un elevado estado de la conciencia egoísta. Este descubrimiento conduce a la sociedad madura que Déjacque describe en su utopía. Déjacque también profetiza que para entonces no existirá más que una única raza humana, resultado de las mezclas habidas en los siglos precedentes.

Julio Verne también participó de la euforia utopista. Los cinco náufragos de *La isla misteriosa* (1875) reconstruían una utopía social de hermandad, trabajo e igualdad, como se desprende de las profesiones de los protagonistas: el ingeniero Cirus Smith, el periodista Gedeon Spilett, el marino Pencroff, el joven ahijado de éste, Herbert, y el antiguo esclavo Nab, representan el esquema de una sociedad que ha de cimentar un porvenir más libre que aquel del que huyen.

"Un mapa de la tierra en el que no esté señalada la utopía no merece la pena de ser mirado; le falta aquel país al que la humanidad siempre llega y, una vez ha

llegado, mira en torno suyo, descubre otro país mejor, y navega de nuevo hacia él".

(Oscar Wilde)

Erewhom, anagrama de *Nowhere* (Ningún lugar), publicado en 1872, es un mundo imaginario creado por la imaginación del escritor británico Samuel Butler. En él, en opinión de Calasso, encontramos la versión moderna de una antigua figuración mitológica: el «mundo al revés». En Erewhon los enfermos son encarcelados y procesados; las víctimas son consideradas inmorales; los delincuentes van al hospital o bien son atendidos a domicilio por médicos del alma llamados «enderezadores»; las máquinas han sido destruidas hace siglos, desde que un libro revolucionario demostró que ellas eran el prototipo de una nueva especie superior, perfecta y feliz, destinada a suplantar al hombre según la ley de la evolución. A lo largo de la novela conocemos instituciones fascinantes: los Bancos Musicales, los Colegios del Desatino, el lenguaje hipotético.

Erewhom se centra en tres aspectos principales: la sanidad y su control social, el mundo de las máquinas y la enseñanza. Con respecto al maquinismo Butler advierte del peligro de que las máquinas, en gran expansión tecnológica, se reproduzcan entre ellas y lleguen a esclavizar al hombre. De ahí que estén prohibidas en **Erewhom**. En cuanto a la educación, está en contra de las enseñanzas demasiado teóricas que no se contrastan con la realidad. En sus palabras: "Los sistemas educativos deben ser capaces de comprender que la razón no corregida por el instinto es tan mala que el instinto no corregido por la razón".

Si bien *Erewhom* es una mezcla extraña de utopía/distopía, Más despiadada fue la sátira contra la sociedad de su tiempo en la secuela que escribió: ***Retorno a Erewhon***. Ambos libros nos muestran las dos caras de la utopía de un gran misántropo.

Las colonias liberadas de ultramar, en concreto en la América del norte, dejaron de depender de las utopías extranjeras y produjeron las suyas. En 1887, Edward Bellamy dio a conocer la utopía más leída en el siglo XIX: *Looking Backward: 2000-1887* (*Mirando atrás: 2000-1887*). Inspirado en Marx y Fourier, trazó el relato del perfecto mundo socialista «Como un pronóstico en conformidad con los principios de la evolución, del próximo estadio en el desarrollo social e industrial de la Humanidad». La novela, pues se trata de una novela, tiene como protagonista a un bostoniano acomodado caído en un largo sueño, del cual despierta en el año 2000. A su vista se ofrece un panorama utópico: Estados Unidos se ha dotado de un régimen socialista; las mujeres gozan de igualdad con los hombres, las leyes prohíben el trabajo infantil y velan por la seguridad de los trabajadores. En ese mañana de ensueño, le dice el protagonista a un interlocutor: «la nación no mutila ni masacra su fuerza de trabajo por miles, como hacían los capitalistas y las grandes corporaciones de tu época». La novela tuvo un gran recibimiento, su popularidad rivalizaba con *La cabaña del tío Tom*, y *Ben-Hur*, los bestsellers del momento. En EE.UU. surgieron "Clubes Bellamy" por todas partes, donde se discutían las ideas propuestas en el libro. También inspiró varias comunidades utópicas. Sus revolucionarias propuestas podían resumirse en: abolición de la propiedad privada, sistema de distribución equitativo, desaparición de desigualdades y justicia igual para todos. En opinión de Erich Fromm, *Mirando atrás* es "uno de los más notables libros jamás publicados en EE.UU.".

En los mismos años en que Bellamy dio a conocer su libro, el británico William Morris escribió en 1889 su versión personal de una Arcadia socialista en *News from Nowhere*

(*Noticias de ninguna parte*). Fiel a la ortodoxia marxista, Morris pintaba un futuro en donde los trabajadores creaban una organización regular en la lucha contra sus amos. Esta combinación adoptó la forma de una federación de los empleados asalariados reconocidos, y por este medio se obtuvo una mejoría de las condiciones de los trabajadores. En "Ninguna Parte" no hay aglomeraciones urbanas, la gente vive en casas espaciosas en paisajes limpios y hermosos y disfruta de su trabajo. Los personajes de Morris son algo epicúreos y desinhibidos. No hay doble moral, todos son relaciones de confianza, abiertas, sin hipocresía, el mal de su época. No hay propiedad privada y los medios de producción pertenecen a toda la comunidad. Se notan las influencias de Marx y Ruskin, aunque Morris consideraba estas utopías carentes de alma, mecánicas, sujetas a engranajes. Escribió esta obra en los últimos años de su vida.

Theodor Hertzka, llamado el Bellamy

austriaco, publicó en 1890 su novela utópica *El país de la libertad*. Esta novela se enclava dentro del modernismo vienés del fin de siglo. Emplaza su utopía en algún lugar del África oriental, muy en consonancia con el colonialismo europeo de la época. Su ideal se basaba en la propiedad común de los bienes y en el libre comercio. La novela tuvo un éxito fulgurante, lo que produjo que se formaran *Comités de El país de la libertad*, por todo Austria, e incluso una expedición de seguidores viajó a esas regiones africanas, pero resultó imposible transportar a Kenia todos los materiales necesarios, así como n o pudieron soportar las condiciones climáticas de esa tierra prometida. Con el fracaso de esta expedición, el interés por el libro decayó y pronto fue olvidado.

En 1899 se publicó **Altneuland** («Vieja Nueva Tierra»). Su autor era un judío de Budapest, Theodor Herzl, el fundador del Sionismo. En esta utopía nacionalista se preveía el asentamiento de una comunidad judía en

Palestina y su evolución hacia una sociedad ideal. El texto surtió un efecto inmenso en la colectividad hebrea de la Diáspora, al mostrar los rasgos de un futuro deseable: una nación próspera, avanzada y democrática. Esta visión, propuesta como la solución para el problema judío, desencadenó un flujo inmigratorio a Tierra Santa. Casi medio siglo después, el anhelo por concretar la utopía bosquejada por Herzl se plasmó en la creación en Palestina del Estado de Israel por colonos sionistas. En unas pocas décadas se pasó de la esperanza mesiánica al utopismo de corte moderno.

Utopía kafkiana

Al hilo de lo anteriormente expuesto, Kafka ideó una sociedad utópica en Palestina. Lo escribió en la primavera de 1918. Tituló su escrito Die besitzlose Arbeiterschaft (La comunidad de los obreros sin posesiones), y estuvo influido por sus contactos asiduos con la comunidad sionista. En esa época se hablaba mucho de los asentamientos en Palestina, y se discutía que tipo de reglas debían regir esas sociedades. De todo eso se hablaba mucho en revistas como Der Jude (El judío), dirigida por Martin Buber, y que Kafka leía habitualmente. De todo ello, Kafka publicó un artículo sobre cómo imaginaba él que debía ser estos asentamientos judíos en Palestina. Este es el esbozo de su propuesta:

LA COMUNIDAD DE LOS OBREROS SIN POSESIONES

El texto consta de una enumeración de obligaciones y deberes. Veamos algunas de ellas:

OBLIGACIONES:

1) No poseer ni aceptar dinero ni objetos de valor. Sólo están permitidas las siguientes posesiones: la ropa más sencilla, lo necesario para el trabajo, libros, alimentos para consumo propio. Todo lo demás pertenece a los pobres.

2) Ganarse el sustento sólo mediante el trabajo. No rechazar ningún trabajo para el que se tengan fuerzas y que no perjudique la salud. Cada cual puede escoger su trabajo o, cuando ello no sea posible, someterse a las ordenanzas del Consejo Laboral, subordinado a la Autoridad Palestina.

3) Trabajar exclusivamente con vistas a obtener lo necesario para vivir dos días.

4) Llevar una vida frugal. Comer lo imprescindible: por ejemplo, pan, agua, dátiles. La comida de los más pobres, el alojamiento de los más pobres.

5) Tratar las relaciones con el patrón como relaciones de confianza, jamás exigir mediación judicial (¿evitar otro Proceso?). Concluir cualquier trabajo que se haya emprendido, bajo cualquier circunstancia, salvo en caso de grave impedimento de salud.

DERECHOS:

1) Tiempo máximo de trabajo seis horas; para trabajo físico, de cuatro a cinco.

2) Alojamiento en hospitales y asilos estatales para los enfermos o las personas demasiado mayores para trabajar.

Siguen otras consideraciones, como considerar la vida laboral una cuestión de conciencia y de fe en nuestros congéneres, donar las posesiones que se poseyeran anteriormente al Estado, comunidades de 500 hombres como máximo, etc.

La isla de los pingüinos (1908) del escritor francés Anatole France, es una ficción histórica en tono alegórico y satírico de un curioso curso evolucionista de la humanidad y de la historia de Francia en particular. Transcurre en el país de ficticio de Alka. El libro está escrito al estilo de un libro de historia de los siglos XVIII y XIX, con sus héroes, fechas clave, hagiografías, etc. El país de Alka era una isla del norte de Europa. En este reino los pingüinos se han transformado en humanos debido a que por error habían sido bautizados por un miope Abad Mael. Dios, que sólo concede el bautismo a las personas y no a los animales, decide cortar por lo sano y transforma a estos alkas (o alcas) en humanos, para no entrar en conflictos con su doctrina. De ahí en adelante, las historia de este pueblo singular semeja a la historia de Francia desde los años oscuros hasta el renacimiento de la cultura.

De utopía también podría clasificarse la obra de Lenin *El Estado y la Revolución*. Esta utopía concitó los mayores esfuerzos del siglo en pos de su realización. Durante más de 70 años, millones de soviéticos, chinos, cubanos, vietnamitas, camboyanos, coreanos y europeos orientales se entregaron en cuerpo y alma a construir la sociedad imaginada por Lenin. Vista con la perspectiva de hoy, un proyecto utópico sangriento, pero una impresionante demostración del poder movilizador de las imágenes de futuro.

Un mundo utópico original y desacostumbrado nos lo da el escritor alemán Herman Hesse. Se muestra en su novela ***El juego de abalorios.*** En este extraño y cautivador libro, Hesse nos presenta por un lado el rechazo de la civilización tecnológica y, en consecuencia, del saber científico en el que se basa; por el otro, la revalorización del papel del pensamiento como posible alternativa al arte para alcanzar el conocimiento. La solución de Hesse es una tercera vía, vía de *pensamiento no científico,* pero basado en las matemáticas: «hace generaciones que, como hizo casi todo el siglo XX, ya no vislumbramos, en la filosofía o quizás en la poesía, sino en la matemática [...] el gran mérito, y duradero, del periodo cultural que va de finales del medioevo a nuestro tiempo». Con ritmo de filosofía zen, con diálogos que remiten al pensamiento oriental, Hesse nos presenta un mundo que de tan idílico, da un poco de miedo.

En **Hombres como dioses**, de H.G. Wells, publicada en 1923, el escritor británico nos presenta un mundo donde no existe la política ni la religión (condiciones necesarias para todo bienestar social). En esta sociedad medio anarquista no hay más límites que la privacidad, la libertad y la discusión crítica. Sus habitantes estudian unos libros de historia de un periodo que recuerda a la sociedad de propio Wells, y que en ese mundo utópico se denominan "los días de confusión".

Un utopismo reciente, aunque su misma perfección lo conduzca a un producto distópico, es la obra **Un mundo feliz** de Aldous Huxley. Publicado en 1932, en el mundo feliz de Huxley nadie es desgraciado. No hay hambre, ni falta de trabajo ni pobreza. Tampoco existe la enfermedad ni la guerra y en todas partes reina la limpieza y la higiene. La esperanza de vida es alta y uno envejece sin que la edad deje huellas físicas. Nadie está solo o desesperado, ni tiene miedo. Todo es divertido, todos son felices, practican el sexo entre sí y consumen todo tipo de productos, porque no hay otra cosa mejor que hacer. Si, en contra de lo esperado, alguien siente una ligera depresión, se le administra la droga *soma:* un verdadero remedio milagroso, eufórico y narcótico. Este maravilloso mundo lo sitúa Huxley en el año 2540, seiscientos treinta y dos años después de que el fabricante de automóviles Henry Ford inventase en 1908 el *modelo de coches T*, fabricado en las primeras cadenas de montaje del mundo. La fecha es relevante, porque el mundo feliz de Huxley es el universo perfecto del consumo, un mundo planificado como una cadena de montaje para hacer del ciudadano un ser feliz. Pero esa misma felicidad sin sentido, tan plena y perfecta es la raíz misma de la distopía en que se convierte el libro al final, pues alguien poco solidario se da cuenta de que la felicidad del mundo de arriba depende de la infelicidad de muchos, estos muchos escondidos e invisibles.

Aldous Huxley volvió a la novela utópica con **La isla**, publicada en 1962, una respuesta positiva a su utopía distópica **Un mundo feliz**. En La isla se nos muestra una sociedad ideal. Se trata de un enclave ficticio en la Polinesia donde los habitantes viven felices. En la isla conviven en armonía los avances espirituales y la espiritualidad oriental. Al igual que en **Un mundo** *feliz*, los habitantes utilizan una droga (moksha) para alcanzar niveles profundos de pensamiento, nuevas percepciones que desarrollan la espiritualidad del hombre.

La obra de Robert Graves *Siete días en Nueva Creta* (*Seven Days in New Crete*, 1949) aborda el tema de la utopía que fácilmente puede convertirse en distopía al menor cambio. Esta fantasía está escrita en la forma de un viaje en el tiempo. El narrador, un poeta del siglo XX llamado Edward Venn–Thomas, despierta en un lejano futuro para encontrarse en un lugar utópico llamado Nueva Creta. Es una sociedad de hornillos de madera y luz de velas, gobernada por poetas y brujas de magia blanca, donde todo el mundo expresa su creencia en la única verdadera diosa. No hay violencia, las guerras se han convertido en torneos amistosos y hay una escasa actividad sexual («en casos de total simpatía, nos echamos uno junto a otro, o pie con pie, sin contacto corporal, y nuestros espíritus flotan hacia arriba y vagan en un movimiento a través de la habitación»).

Nueva Creta puede ser un paraíso no violento, pero es también aburrida y sin vida, y la tarea de Edward es inyectar un poco de maldad y locura en las vidas excesivamente virtuosas de sus ciudadanos. Lo hace, sin ser consciente al principio de lo que está ocurriendo: se ve enredado en amores con dos jóvenes mujeres, despertando así sentimientos de celos que luego conducen a actos de asesinato y suicidio. Así de fácilmente se pasa de la utopía a la distopía.

En la estela de **Un mundo feliz**, tenemos la novela **La última y la primera humanidad** (*Last and First Men*, 1930), de Olaf Stapledon. En esta novela profética el autor trata de abarcar la historia futura de la humanidad en un decurso de veinte millones de siglos. En esta obra aparecen hombres remotos de visión circular, no semicircular como ahora; razas gaseosas que veneran lo material y cuyos dioses son los duros diamantes; ejércitos de autómatas que arrasan a mansalva los continentes; generaciones que persiguen y adoran el dolor físico; cruzadas para rescatar el pasado; subhombres reducidos a servidumbre por supermonos; comunidades donde lo esencial es la música; vastos cerebros instalados en torres de metal; especies de hombres concebidas y ejecutadas por esos sedentarios cerebros; fábricas de animales y de plantas; ojos que ven macizos los astros, etc. No obstante estos supuestos avances de la humanidad, la obra de Olaf Stapledon deja una impresión final de tragedia. Nunca, casi nunca, es satírica, como acontece con el *Mundo feliz* de Huxley.

Países utópicos

Datos para entender a los perqueos

También ellos inventaron la rueda y sus robustos carros corren resonantes por el territorio de Perq. Su rueda, sin embargo, se diferencia de la nuestra en que

no llegó a perfeccionar su circunferencia; en un punto cualquiera le quedó una pequeña jiba, una bastante suave protuberancia que se aparta del ritmo circular y luego vuelve a él y es como si no hubiera pasado nada, y de hecho no pasaría nada si la rueda estuviese inmóvil, pero los carros corren resonantes por el territorio de Perq y entonces usted se ha sentado en un agradable cojín de estopa y el carro arranca, recorre retumbante un metro cinco o un metro veintidós dentro de la más perfecta suavidad, y de golpe usted da su primer salto en el aire, vuelve a caer sentado, da su segundo salto, vuelve a caer sentado, y tendrá suerte si el carrero ha preferido ajustar las ruedas de manera que las cuatro jibas toquen suelo al mismo tiempo, porque saltar será casi agradable, digamos como un trote de camello, elevándose sin violencia cada tantos segundos;
[...]

Por lo demás eso explicaría que en Perq la visión sea siempre convulsiva. En un árbol, lo que nosotros llamamos un árbol, ellos tienden a ver por lo menos tres árboles, el árbol cojín de estopa, el árbol salto y el árbol descenso, y en realidad tienen razón cuando ven tres árboles y los definen como diferentes, porque el árbol cojín se compone de un tronco y una copa como los nuestros, el árbol salto es sobre todo copa, y el árbol descenso es sobre todo tronco, pero a los tres árboles se agregan muchos más árboles si el carrero es incoherente y las jibas, como ya se explicó, etcétera. Entonces en esa total arritmia de los saltos y los descensos puede haber áááarrrbbbooolll, y también puede haber ááárrrááánrááábbbbbbbááaooorrrlll y otras múltiples variantes. (Huelga señalar que este ejemplo tipográfico es una mera metáfora nominal destinada a mostrar la convulsión en las imágenes y, por consiguiente, sus efectos en la nomenclatura, las definiciones y en último término la historia y la cultura de los perqueos, de las que hablaremos un día si las jibas nos plaf permi plaf ten).

(Julio Cortázar. Último Round)

Tampoco han faltado utopismos provenientes del optimismo tecnocrático, un utopismo que semejaba una nueva rama de la ciencia. Así, el científico inglés J. B. Haldane, en su libro de 1924 **Daedalus, or Science and the Future**, preveía que en los próximos 60 años «no habría más noches en nuestras ciudades» gracias al abaratamiento de la electricidad, y que en 1951 nacería el primer bebé-probeta. Pero pronto la ciencia y sus resultados no convencieron a los especuladores del futuro y sus frutos, los de la ciencia, aplicados a las contiendas bélicas, así como el aumento de la población y la pobreza, generó un reverso tenebroso de la utopía: la distopía. Y es de ello de lo que queremos hablar en la segunda parte de este libro.

En 1975 se publicó una de las últimas obras utópicas de nuestra época: *Ecotopía*, de Ernest Callenbach. En ella se plantea un futuro en 1999 en el que California se ha independizado de los Estados Unidos para formar un país en armonía con el medio ambiente. El trasporte se realiza por medio de vehículos eléctricos, los hombres y mujeres poseen los mismos derechos, los animales son bien tratados. Callenbach nos habla de un estado ecológico en el que se recicla absolutamente todo, los medios de comunicación son eléctricos, las energías renovables y la economía sostenible. Esta estado de cosas genera individuos equilibrados y, por tanto, felices, y permite la creación de una sociedad igualitaria, justa, racional y adecuada a las necesidades reales del hombre. El autor creía que esta utopía todavía era alcanzable en su lapso vital. Hoy el término *ecotopía* es de uso común para referirse a cualquier utopía que contenga como referente central la cuestión ecológica.

Jorge Luis Borges, en un cuento de **El libro de arena**, titulado *Utopía de un hombre que está cansado*, habla de un mundo o planeta habitado por espectros colectivos. En ese mundo las imágenes y la letra impresa eran más reales que las cosas. Sólo lo publicado era verdadero. No existía el dinero, no hay pobreza. Cada cual ejerce un oficio. Tampoco hay ciudades. Ya que no hay posesiones, no hay herencias. Cuando el hombre madura a los cien años, está listo a enfrentarse consigo mismo y con su soledad. Sólo se puede engendrar un hijo, pues no conviene fomentar el género humano. Cumplidos los cien años, el individuo puede prescindir del amor y de la amistad. Los males y la muerte involuntaria no lo amenazan. Ejerce alguna de las artes, la filosofía, las matemáticas o juega a un ajedrez solitario. Cuando lo considera oportuno, se mata. No existen los viajes. No hay conmemoraciones ni centenarios ni efigies de hombres muertos. Cada cual debe producir por su cuenta las ciencias y las artes que necesita. Los gobiernos han desaparecido, fueron cayendo gradualmente en desuso.

Utopismos especializados

La pornotopía es un término acuñado por el escritor Steven Marcus en 1966 para definir un mundo donde todas las fantasías sexuales estarían cubiertas y plenamente satisfechas. La idea que subyace en este tipo de fantasía es que por medio del goce puede generarse una especie de realización personal que genere individuos satisfechos y, por tanto, capaces de generar una sociedad más feliz.

Quizás Marcus se acordó de la novela **Las joyas indiscretas** (Les Bijoux Indiscrets), publicado en 1748, novela de corte utópico donde Denis Diderot crea un mundo soñado o presentido donde los sexos podían ser geométricos como las joyas, joyas que podían hablar. Se trata de una alegoría donde Luis XV es representado por un sultán llamado Mangogul, que tenía una anillo mágico capaz de hacer hablar a los genitales femeninos (joyas).

Y al hilo de este apunte incluyo un relato del escritor neoirlandés Lambert O'Really titulado Novo Venus:

Novo Venus

Entrada de la enciclopedia galáctica.

(Edición terráquea en idioma Interlingua)

Novo Venus: Planeta destinado al placer situado en las afueras de la constelación de Orión, cerca del cinturón de asteroides Galileo, no muy lejos de la Puerta de Tanhäuser. El planeta fue biologizado y organizado para albergar la gran casa de placer de la galaxia. En la enorme franja de tierra del planeta, rodeado por un océano a veces tranquilo y a veces agitado, se encuentran miles de centros de entretenimiento que albergan todos los tipos de gratificación sexual conocidos. Allí se reúnen, o viajan, las diferentes especies vivas del universo, entendiendo por tales las que se recogen en la Convención de Formas de Vida

Intergalácticas (COFOVIN). Si obviamos la imperiosa necesidad de romper la férrea ceremoniosidad que rige las relaciones interplanetarias, el propósito principal de las visitas a Novo Venus es la gratificación sexual. Ésta incluye una variedad de formas tan extensa que sería prolijo recogerlas en esta entrada enciclopédica; no obstante, se mencionarán las más importantes o significativas, que afectan tanto a seres de estado sólido como a bioformas en estado líquido, gaseoso, psíquico o ultraplásmico. Se enumeran a continuación algunos de los tipos de satisfacción sexual más solicitados, seguido de una breve descripción de su práctica:

1. *Mosca Fxt.* Una especie de insecto parecido a una mosca (para nuestra concepción terráquea) se posa en los genitales extramórficos (penes y otros salientes excitables) de grandes especies, como el Rinotec (ser gigantesco y de aspecto brutal propio de las cadenas estelares de la región de Albemut).

Mediante una vibración sutil, la mosca Fxt produce en el ser en cuyo pene (permítase el antropomorfismo) se posa, salvajes y reiteradas eyaculaciones. Quienes lo han probado aseguran que el placer que se alcanza mediante el contacto de la mosca Fxt, se encuentra en lo más alto de cualquier escala de goce sexual conocido. Como añadido curioso, mencionar que la eyaculación del Rinotec, en cantidad ingente (cada verga es un grifo de semen), se recoge en vasijas para ser luego vendidas como abono en ciertas secciones estelares donde se cultivan árboles que dan frutos lascivos. Su consistencia alabastrina, cuando en reposo, permite también la fabricación de adornos y amuletos, muy solicitados por especies etnófugas, criptoétnicas y epistemocéntricas.

2. *Escort gaseosa Shhht*. Esta forma de vida que se supone femenina para estándares terráqueos, cubre al cliente, tuviera éste la forma que tuviere, con una capa de plasma viscoso que transmite a cada poro del cuerpo así envuelto, sensaciones de

placer tenues que, en conjunto y con acción prolongada, suele desembocar en la eyaculación. Cuando no se alcanza el clímax, la sensación de placer experimentada es tan singular que no da lugar a reclamaciones. Esta experiencia inefable ha sido definida de varias maneras: "Cosquilleo de la llama oculta detrás de los huesos", "ternura de superficie con relieves de cercén" y otras de parecida ambigüedad.

3. *Meretriz líquida GloGlo*. Esta bioforma líquida espera a los clientes en un recipiente o bañera. El cliente introduce su cuerpo, o sustancia atómica que lo sustituya, en el receptáculo lleno de GloGlo, y goza un tipo de placer que a los bípedos terráqueos nos recuerda los éxtasis descritos por los místicos. Lo más cerca que se ha estado de definirlo es como "un flujo gozoso sin barreras cortejado por llamas que se pierden", en palabras del bardo aldebareño Uurtun. Este tipo de relación sexual procura reservas psicológicas de placer que pueden utilizarse al cabo de meses, o

incluso años, a voluntad. Los precios son elevados debido a la gran demanda de este servicio, sobre todo por parte de bioformas no contagiadas por el sometimiento a ritos amorosos.

4. *Recipiente de líquido genito-placentero*. Para solaz erótico de seres acuáticos, la mayoría provenientes de los grandes planetas océano de Nueva Ganímedes, y cuyos cuerpos, como el agua, toman la forma de las fuerzas que lo comprimen, existen en Novo Venus acuarios con corrientes sensoriales. En estos recipientes líquidos los seres acuáticos pueden libremente intercambiar fluidos genito-placenteros con especímenes de su propia especie, con especies afines o incluso anfibias. El coito suele consistir en una fiebre (o hervor) intermitente entre largos lapsos de quietud abisal.

5. *Filamentos flexibles de Carot*. Los filamentos flexibles de Carot, un planeta de seres de vida breve y frágil, ofrecen sus servicios eróticos a todas aquellas especies dotadas de contornos

físicos duros. Los filamentos sensibles de Carot, cuyos cuerpos, en amalgama, semejan plastilina, se adaptan a los contornos del cliente (repito que deben poseer cierta estructura molecular estable) inundando sus zonas erógenas con sustancias viscosas de muy alto poder placentero. El cliente suele alcanzar el clímax de forma suave pero con efecto prolongado, llegándose a gozar de eyaculaciones que duran media hora.

6. *Rabizas psíquicas de Intx*. Los seres psíquicos de Intx, también conocidos como sex-mentats, poseen en Novo Venus un rincón para el placer. En un recinto aislado para evitar cualquier tipo de interferencia mental, los clientes con aficiones psíquicas pueden contactar con cerebros entrenados especialmente para emitir ondas de goce cerebral. Se trata de una forma de placer que genera adicción, y va más allá de los ritos y los tiempos prescritos. La promiscuidad psíquica de estos sex-mentats, criaturas seductoras y caprichosas, es proverbial.

7. *Termas ígneas*. Esta forma especial de placer está reservada para los habitantes de los planetas de lava de la constelación de Goedel y otras formas de vida hipotermales. Los cuerpos, por utilizar una terminología familiar, de sus "habitantes llama" se funden en las voluptuosas crestas ardientes de la estación termal Agni, en Novo Venus, acondicionada especialmente para aguantar temperaturas de corteza solar. Los "cuerpos llama" viajan hasta Novo Venus en cápsulas de cerámica termo-resistente, de las que se desprenden para sumergirse en las voluptuosas llamas de las termas ígneas de Agni. El placer se produce mediante fisión. Las ondas ardientes, a las que se añaden flujos-pasión de oxígeno puro, en su contacto con los "hombres llama" suelen procrear pequeñas flamas de azul liminar, pero estas no subsisten lo suficiente para poder ser considerados vástagos legales.

8. *La sala de las "n" dimensiones*. Para esas formas de vida que habitan en diferentes número

de dimensiones, existe en Novo Venus un recinto donde poder friccionarse placenteramente con seres de morfología compatible pero que habitan realidades con un número distinto de dimensiones. Estos seres multidimensionales sólo tienen que introducir su número de dimensiones en la "n" de la ecuación de bioformación del habitáculo de encuentro. El recinto extrae el mínimo común múltiplo de dimensiones y en ese plano de igualdad numérica se produce el contacto erótico. Porque como reza el lema del establecimiento, "siempre hay un plano dimensional donde topar y extenuarse".

9. *Sala de misioneros*. Para aquellas especies retrasadas que fueron proscritas y enviadas a morar en el cinturón Mesiánico de la constelación del Cordero, especímenes que todavía creen en un Mesías trino que vendrá a salvarlos, se ha habilitado en Novo Venus un caserón aislado donde se practica un tipo de coito antiquísimo. Al parecer, carentes de imaginación para aprender

formas más sofisticadas de deleite, estos mesiánicos especímenes se aparean de la siguiente forma: colocan a su hembra en posición horizontal mirando hacia arriba y con las piernas abiertas; entonces, sacándose el macho el apéndice de procreación sin siquiera desvestirse, se coloca encima de ella y la penetra cara a cara. Estos seres, luego del deleite, sienten culpabilidad y se creen obligados a confesar su pecado al sacerdote de su credo o ante la comunidad de fieles. Esta extraña conducta, fruto de una doctrina antigua y trasnochada (y difícil de concebir por seres con cerebros mínimamente desarrollados), se debe a que consideran que su acto está mal visto por una deidad superior a la que adoran, deidad que juzga pecado cualquier placer. El motivo por el que la mansión donde los mesiánicos del Cordero disfrutan de este placer prohibido se encuentra apartada del resto de los centros de esparcimiento sexual, no es para permitir a sus frecuentadores un mayor recato; no es por ellos, sino por temor de que contagien su estúpido sistema de creencias a otros seres inteligentes de la galaxia. Lo que bien considerado no deja de ser una contradicción, pues si alguien se contagia de estas estúpidas creencias significa que no es inteligente. ¿A qué se debió, todavía se preguntan las mentes más preclaras de la galaxia, semejante cisura irreversible de la razón?

10. ***Bacterias de pasión***. Existe en Novo Venus un esparcimiento sexual que consiste en dejarse invadir por un tipo de bacteria que procura placeres genito libidinales. La bacteria responde al nombre de X-Eros y fue hallada en un planeta hoy desaparecido que rotaba furtivo al borde de la Vía Láctea. El cliente se introduce en un cubículo, se le inocula una pequeña muestra de tejido bacterial y estos microorganismos unicelulares se expanden de forma exponencial por todo el cuerpo, procurando espasmos de placer semejantes a los que procura la experiencia sexual ligada a la reproducción. Acabada la sesión, el cliente ha de

ser desinfectado mediante exposiciones a descargas antibióticas, pues la permanencia en su cuerpo de estas bacterias supondría un continuum de goce que ninguna especie puede soportar durante mucho tiempo.

Existen en Novo Venus más tipos de satisfacción sexual que los recogidos en esta breve entrada. Para conocerlos en detalle remitimos a la ***Guía oficial de placeres de Novo Venus***, editada por el *Centro de Documentación Intergaláctico*, con sede en la luna mayor de Aldebarán, constelación de Orión.

En 1977 se publicó **Dissipatio H G** (donde H G. significa *Humani Generis*), una novela de Guido Morselli. El protagonista es un hombre brillante, irónico, hipocondríaco y sobre todo «fobántropo». Su odio a la humanidad le lleva a querer suicidarse ahogándose en el lago de una caverna en la montaña. Pero en el último momento se arrepiente y retrocede. Y ocurre que, como si se le hubiera concedido su más íntimo deseo, el género humano ya no existe. En ese breve espacio de tiempo, por una mágica operación, la humanidad ha desaparecido. Por lo demás, todo ha permanecido intacto. Paradójicamente, ahora la humanidad queda representada por un único sujeto, un individuo que estaba a punto de suicidarse para no aguantar más a sus congéneres. La obra se torna así en no narrativa, en un soliloquio en torno a la soledad. Los únicos ruidos que perturban este monólogo son los sonidos de algún animal o los ruidos de maquinarias que aún funcionan. No deja de preguntarse cómo ha desaparecido la humanidad: ¿Un cataclismo?, ¿Un milagro? ¿Una migración a otros mundos? A tenor de sus pensamientos el lector no sabe si está ante una utopía a o una distopía. Esa ambigüedad es lo que hace interesante la obra.

Por último, en su obra *Pacific Edge*, de Kim Stanley Robinson, publicado en 1990 (casi donde Callenbach situaba su utopía), también, a la estela del libro del mencionado autor *Ecotopía*, en California. Pero *Pacific Egde* es el tercer libro de una trilogía (tres futuros posibles) donde las dos primeras obras son distopías y esta tercera quiere ser optimista y nos presenta una sociedad en el año 2065 donde los ciudadanos habrían conseguido un mundo sostenible.

Termino aquí, pero recordando que según Rubén Anón (El País, 8.10.17): "Ninguna utopía tan atractiva como el paraíso, cuya elaboración conceptual y hasta toponímica proviene del antagonismo al desierto donde brotaron las religiones monoteístas. El paraíso debía ser frondoso y tupido, exuberante, fértil. Un lugar acaso donde el agua rebosa y la comida pende de los árboles. Una contrafigura perfecta de la tierra baldía donde Dios se hizo necesario en la abstracción metafísica". Y es la búsqueda de este paraíso perdido lo que ha conducido a los hombres a buscar ese lugar ideal. Así, se ha perseguido El Dorado, la Arcadia, Shangri-La. O incluso el Nirvana.

Y por último una recomendación especial de Margaret Atwood, ducha en utopías negativas, que nos aconseja que seamos cautos con las historias distópicas, porque, advierte, lo que para unos es distopía para otros puede ser utopía. Y menciona que después del éxito de *El cuento de la criada*, hubo quienes empezaron a preguntarse cómo implantar esa locura. También recuerda la escritora canadiense lo que pasó con la utopía de Edward Bulwer-Lytton, *Vril, El poder de la raza futura*. Hitler se la creyó y mandó a un equipo de exploradores a Noruega a encontrar la cueva de la que Bulwer-Lytton hablaba, en la que se escondía una perfecta sociedad del futuro".

Advertidos quedamos.

Utopías

Allí es a la hora de morir cuando la gente está más viva.

Allí uno se mantiene en pie gracias a un mote que nadie conoce.

Allí la gente sale en filas; mostrarse solo se considera una desvergüenza.

Allí todo el que tartamudea también debe cojear.

Allí se cambia diariamente la numeración de las casas, para que nadie encuentre el camino a la suya.

Allí cada cual tiene a otro que se encarga de sus dolores, los propios no valen.

Allí se considera una desfachatez decir lo mismo.

Allí una frase enlaza con la otra. Entre ellas hay cien años.

(Elías Canetti, Apuntes)

Casos dudosos

¿Qué son *Los Viajes de Gulliver*? ¿Son escritos utópicos o distópicos? La búsqueda de la utopía es el ideal perseguido de un país próspero regido por la equidad y el sentido común. Sin embargo, este anhelo puede ser algo inalcanzable. Esta novela de Jonathan Swiftt, publicada en 1726, puede ser enmarcada dentro de la esencia inalcanzable que lleva a Gulliver a la tristeza, puesto que la melancolía y lo utópico están muy relacionados. La utopía contemplativa de los Houyhnhnms, el país de los caballos en la novela, es el objetivo soñado del libro. Y así, el autor imagina una serie de viajes a una sucesión de islas que mueve a su personaje muy lejos de su país, una serie de viajes necesarios para alcanzar la utopía: un itinerario al no-lugar, más lejos cada vez. Por eso siempre cabe la dudad de si este libro debe enmarcarse en la categoría de utopía o distopía. Quizás tenga algo de las dos polarizaciones de la visión humanística del que se dedica a profetizar.

Bertolt Brecht, en las páginas de *Auge y caída de Mahagonny*, nos habla de una fundación costera donde los pioneros prometen rectificar todas las prohibiciones y restricciones de las urbes occidentales. Se instala una república de hedonismo y placer, pero la corrupción malogra el sueño porque la corrupción no es heterómana, anida en el hombre y amenaza o represalia la idea ingenua de escapar de nosotros mismos. Por eso la obra de Brecht incluye un himno universal, *Alabama Song*, con música de Kurt Weill, que alude a la embriaguez de los hombres mirando a la Luna, pues es la Luna la alegoría de la muerte y de la resurrección, o la metáfora del misterio que representa su lado oculto.

Los Indomables, del futurista italiano F.T. Marinetti, es una novela más allá de la clasificación. En ella cabe la poesía simbólica, la ciencia ficción, la fábula e incluso la visión filosófica y social. Escrito en un estilo libre, *Los indomables* relata las aventuras de Mirmofim y los indomables, que se dedican a luchar locamente en el mundo de la gente de papel. Disfrazado de lectura divertida, explora el mundo moderno lleno de bayonetas, luces electrónicas, tableros de propaganda, máquinas y engranajes y focos que dibujan palabras de acetileno. Tiende a la utopía, pero o no alcanza o se pasa a su lado oscuro.

La ciudad utopía de Rodrigo Fresán: Canciones tristes

El Cazador de Santos debe volver al polvo de su génesis, al pueblo donde todo había empezado y donde todo tiene que concluir. Al lugar donde alguien llamado Tomás el Gemelo Inmortal -decimotercer apóstol también conocido como Judas Tomás, también conocido como Tomás Didymus, también conocido como Jude- aguarda su llegada como otros aguardan la improbable partida de las lluvias y la llegada inédita de la nieve. Canciones Tristes, ese sitio que siempre se ha negado a la tiranía de mapas y censos.

¿Dónde queda Canciones Tristes? Ahora lo ves, ahora no lo ves. ¿Quién puede saberlo? Lo único cierto es que la difusa geografía de Canciones Tristes está asentada sobre hechos fundamentales que más vale memorizar ahora. Su nombre puede cambiar. Se sabe que Qumrán dio lugar a Planicie Banderita y Planicie Banderita dio lugar a Canciones Tristes; pero la historia siempre ha sido la misma: Canciones Tristes es el lugar donde todo comenzó y el lugar donde necesariamente todo habrá de terminar.

(Rodrigo Fresán)

Utopías fuera de Occidente

Apenas, durante mis investigaciones sobre utopías, he logrado dar con utopías fuera del ámbito occidental. Pero algunas sí que han surgido. En oriente, por ejemplo, tendríamos un atisbo de utopía en algún fragmento de Lao Tsé. Recojo la noticia de Rafael Sánchez Ferlosio (*Babel contra Babel*). Dice este autor que en un curioso fragmento de Lao Tse aparece lo que podríamos denominar como la descripción de una utopía religiosa. Dice así: «Un reino pequeño, de poca población, / no emplearía todas sus cosas. / Los habitantes temerían la muerte / y no se alejarían en largas expediciones. / Aunque tuvieran barcos y carros, / no los utilizarían. / Aunque tuvieran armas y corazas, / no las mostrarían. / El pueblo volvería a ocuparse de anudar cuerdas. / Y encontraría sabrosa su comida, / buenas sus ropas, / tranquilas sus casas, / alegres sus costumbres. / En dos reinos vecinos, / tan cercanos que mutuamente se oirían entre sí del uno al otro los perros y los gallos, / las gentes morirían muy viejas / sin haberse visitado jamás».

Dentro del mundo oriental, en concreto dentro de las tradiciones budistas, descubrí un relato que bien podría ser una visión utópica pasada por el tamiz budista. Es esta historia.

La ciudad de Nirvana

Kaisani era un paria que trabajaba en una plantación de té. Su corazón era puro y sin doblez, pero su alma intranquila no percibía la verdadera esencia de la vida, y amaba sus pérfidos goces, que son falsos como las imágenes que refleja el agua. Estudiaba los libros santos, pero no meditaba acerca del dolor, de la muerte y de la inestabilidad humana, meditaciones que conducen a la hermosa ciudad de Nirvana; por el contrario, temía el aniquilamiento completo del ser.

Un día, mientras trabajaba, apareciósele Buda y le dijo: "¿Crees que puedes ser feliz en la tierra?, pues bien, yo te proporcionaré los medios necesarios para encontrar la felicidad; ve en su busca, todos los años en este día te concederé el don que desees".

Kaisani pidió su libertad como primer don, por creer que la liberación del trabajo bastaríale para su dicha. Mas no fue así, pues ya nadie utilizó sus brazos y viose en la necesidad de robar por los caminos. Vivía hambriento, esperando con ansia que llegase el día fijado por Buda para formularle una nueva petición.

Pasó un año, llegó Buda y Kaisani pidió la riqueza. Los primeros días en que viose rico no cabía en sí de gozo, mas al poco tiempo sus posesiones pareciéronle miserables; comenzó a pensar en lo que pediría la próxima vez; antojósele ser rey, y del año, once meses vivió en perpetua agitación, pensando en lo largos y pesados que eran para él los días.

Cumpliose el plazo y fue dueño de un país; tuvo elefantes gigantescos y carros de oro; viose adulado de los hombres y querido de las mujeres bellas; mas su poder no fue suficiente para impedir que le molestasen los rayos del sol en el verano; advirtió que la adulación de sus cortesanos era falsa; quiso ser el sol, pero temía que Buda no le concediera ese deseo; torturado por esta idea pasó todo el resto del año.

Cumpliose el cuarto plazo, y fue sol y vivió incomodado al ver que una simple nubecilla, al interponerse, impedía que sus rayos llegaran a la tierra.

Fue sol y quiso ser nube; fue nube y quiso ser río; fue río y quiso ser mar; fue mar y quiso ser roca; mas fuese nube, río, mar o roca, siempre tenía ambiciones que no podía satisfacer y quiso volver otra vez a ser hombre y tener el don de la adivinación.

Adivinó, pero nadie dio crédito a sus palabras; vio despreciados sus consejos y entristeció y cansose de todo; pero conservando aún la creencia de que la vida era única, pidió el don de la inmortalidad. Los años fueron acumulándose sobre su cabeza, perdió la vista, el olfato y el gusto; tenía oídos solamente para escuchar las dulzuras de la ciudad de Nirvana y vivía solitario en medio de gentes extrañas; las generaciones pasaban y Kaisani suplicaba e imploraba a Buda que le retirase tan terrible don; por fin fue atendida su súplica. Ofreciósele al morir una existencia nueva en la que brindábásele juventud, belleza, poder, toda clase de placeres, en un lado; en otro, las puertas del reino de lo inconsciente, del sitio en que se es sin ser. Kaisani supo ahora dónde radicaba el supremo bien y entró sin titubear en la ciudad de Nirvana.

Por último, también tengo una referencia a una utopía dentro del mundo musulmán. Álvaro Cunqueiro, en su libro *Los otros caminos*, refiere la utopía de Lazid al-Srir, es decir, el secreto o el del secreto. Este Lazid, nos informa el escritor gallego, dio tema hace unos años para una pequeña narración de Jorge Luis Borges. En ella Lazid asegura haber viajado a una ínsula hacia Levante, por rutas que ni siquiera sospechó Simbad el Marino. La organización política y social de la ínsula por azar descubierta se basaba en criterios racionales y científicos. Semejaba, por lo visto, a la de las islas Sevarambas, utopía cartesiana francesa del siglo XVIII. Expongo las características de este lugar utópico con las propias palabras de Cunqueiro, más preciosa que las que yo podría usar: "En la ínsula de Lazid había una reserva para los que él llama locos, entre los que incluye a los autores de poesía amatoria y a los avaros. En la isla dicha se fabricaba por todo el mundo oro pneumático, según las fórmulas célebres de Gabir arábigo, y la abundancia excluía el deseo por la misma razón que, según San Agustín, la abstinencia engendra la fantasía. El oro pneumático, según lo describen los cabalistas, es como un humo amarillo. También se le llama oro espiritual, oro volante. Lo usaban, en los reinos cristianos, los demonios, a quienes teniendo mucho de él en el bolsillo, les repugnaba, según Cornelio, pagar al contado".

Apéndice I

La utopía prefiere las islas

La isla ha sido la imagen arquetípica de la utopía desde el mismísimo momento en que Tomás Moro publicó su libro en 1516. Puede que la razón estribe en que al estar circunscritas por una barrera natural de agua, que protege de contagios e influencias, hace más verosímil que el mundo igualitario que preconizan se mantenga puro. El aislamiento procura estabilidad, el encierro elimina perturbaciones, tanto para bien como para mal. En el caso de las utopías se suponía que para bien. Esta idea de la isla es la que llevó a Cervantes a incluir su pequeño reino utópico en forma de insularidad: **La ínsula Barataria**. Pero hay más islas, muchas más. Veamos las más importantes.

Aparte de la mencionada ínsula Barataria, hubo otras islas imaginarias en la literatura utópica. En *Pantagruel,* de Rabelais, se describe **L'ísle Sonante**. Existe una **Ínsula profunda** en el *Palmerín de Inglaterra,* donde hay referencias también a ínsulas encubiertas, peligrosas y que cuidan que su existir no sea penetrado. *Ínsula del llanto*, en *Celidón de Iberia,* **Ínsula Gigantea** y **Salvajina**, en *Lisuarte de Grecia*. También *La isla de Jauja* es uno de esos lugares míticos dónde la vida es regalada. ¿Será que el sueño del poeta hace la isla?

También en la antigüedad, se tuvo noticia de unas islas a las que en latín se denominó *Insulae Fortunatae*. De modo explícito se refiere a ellas Plinio, en su **Historia Natural**. También la citan Ptolomeo, Estrabón y Pomponio Mela, que narra algunas maravillas de las que ocurrían en ellas. Pero el texto más significativo acerca de estas islas se halla en la vida de Sertorio, escrita por Plutarco. Dice éste, en efecto, que en la desembocadura del Betis se encontró aquel caudillo a unos marinos que llegaban de tales islas. Contaban que en ellas llovía moderadamente, que los vientos eran suaves, que había mucho rocío y que en la tierra, blanda y fértil, se producían árboles con frutos abundantes y sabrosos, de suerte que los hombres vivían sin trabajos ni penas. O para decirlo con palabras de poeta, una tierra donde la primavera calza abriles y viste mayos.

Tomás Moro, quien fuera canciller del rey Enrique VIII de Inglaterra y un importante humanista del Renacimiento, tenía el proyecto de escribir a dúo con Erasmo de Róterdam una novela social que inicialmente denominaron *Nostra nusquama insula, (nuestra isla del Jamás)*. Un lugar con tierras de mucho pan, bien aradas y bien regadas, fecunda y tendida al sol. Pero al final Tomás Moro realizó su sueño utópico en solitario. Llamó a su mundo **Utopía**. Publicada en 1515, es una novela de viajes escrita en latín y con trasfondo social. Consta de dos libros. El primero, el menos conocido, es una denuncia de las desigualdades económicas y sociales de la Inglaterra de su época. El punto de partida son los relatos de los navegantes procedentes del Nuevo Mundo, en concreto, de un portugués, llamado Hitlodeu, seguramente un personaje ficticio, quien, en el puerto de Amberes, le cuenta al autor el feliz hallazgo de una isla paradisíaca. *Utopía* quería ser esa isla afortunada.

En Inglaterra, un siglo más tarde de la publicación de *Utopía*, de Tomás Moro, Francis Bacon, a quien se reputa como el fundador del método experimental científico, publicó *La Nueva Atlántida* (*The New Atlantis*, 1626). En esta utopía se describe una tierra mítica, Bensalem, a la que él viaja. Los mejores y más brillantes de los ciudadanos de Bensalem pertenecen a un centro de enseñanza denominada *La Casa de Sulomón*, donde se llevan a cabo experimentos científicos según el método inductivo que el propio Bacon propugnaba. El objetivo comprender y conquistar la naturaleza para poder aplicar el conocimiento obtenido para la mejora de la sociedad. Puesto que la Atlántida era un continente isla, se asume que la nueva Atlántida sigue siendo un lugar rodeado por mar.

En la estela de Francis Bacon, que en **La nueva Atlántida** ideo la primera utopía tecnológica, el teólogo luterano alemán Johann Valentin Andreae (1586-1654), publicó en 1619 el libro **Cristianápolis** (*Reipublicae christianopolitanae descriptio*). En esta utopía una tempestad desencadenada en el mar Académico ha lanzado a la nave Fantasía a las costas de la isla-república de *Cristianápolis*, cuya capital es Cafarsalama.

La ciudad del sol (1623), de Tommaso Campanella. Campanella estableció su utopía en la isla de Ceilán. La ciudad del Sol es un Estado centralizado: sólo existe la propiedad colectiva, que es repartida por las autoridades. El Estado regula incluso el emparejamiento de hombres y mujeres de acuerdo con el principio de la optimización de los factores hereditarios (eugenesia). La verdad es que a ojos de hoy resulta difícil comprender que *La ciudad del Sol* haya constituido la visión de un Estado ideal.

El religioso benedictino Benito Jerónimo Feijoo también recoge noticias de otros países imaginarios, como **La Atlántida**, descrita por Platón. Otra isla fabulosa que nombre el monje es la «Panchaia», isla feliz, riquísima en incienso. Con más extensión se ocupa Feijoo de la legendaria **Isla de San Borondán**, que se decía que se había visto desde la Isla del Hierro, en Canarias. En este recuento le siguen referencias sobre la supuesta **Isla de Frislandia**, en el Norte, y sobre la llamada Java menor.

Voyage dÁlcimedón (**Viaje de Alcimedón**, 1751) del conde de Martigny, *L´le taciturne et líle enjouee* (la isla taciturna y la isla enjoyada), también, ***Descubrimiento de la isla frívola***, Abbé Coyer, donde un almirante arriba a la isla de los frívolos (franceses) que sólo viven para disfrutar de los placeres, los adornos y las funciones de ópera. Son casi inmateriales y su propio país es tan inconsistente que para arar la tierra se limitan a soplarla.

En 1753 se publicó **Basilíada, o naufragio de las Islas Flotantes**, de un tal Morelly (1717-1778). El autor recurre al ardid de la traducción de un manuscrito antiquísimo del brahmán y fabulista indio Pilpay. En esta obra se describe a un pueblo de isleños inocentes que vive feliz y despreocupándose hasta que sus virtudes son puestas a prueba por un asalto de los Vicios y la Mentira unidos, que estropean la felicidad del pueblo consiguiendo que por decreto real se introduzcan la propiedad, el lujo, las artes y la ciencia entre otras malas costumbres. Felizmente la naturaleza toma partido por los isleños, encadena a todos los vicios, hace desaparecer sus malas obras y un feliz comunismo primitivo rige la isla para siempre, de ahí viene a mostrar la aspiración a una felicidad colectiva de los isleños.

La búsqueda de la utopía es el ideal perseguido para un país próspero regido por la equidad y el sentido común. Pero es un anhelo inalcanzable, como lo muestra Jonathan Switf en *Los viajes de Gulliber*. En esta novela el autor imagina una serie de viajes a una sucesión de islas que mueve a su personaje muy lejos de su país, una serie de viajes necesarios para alcanzar la utopía: un itinerario al no-lugar, más lejos cada vez.

Julio Verne también participó de la euforia utopista. Los cinco náufragos de *La isla misteriosa* (1875) reconstruían una utopía social de hermandad, trabajo e igualdad, como se desprende de las profesiones de los protagonistas: el ingeniero Cirus Smith, el periodista Gedeon Spilett, el marino Pencroff, el joven ahijado de éste, Herbert, y el antiguo esclavo Nab, representan el esquema de una sociedad que ha de cimentar un porvenir más libre que aquel del que huyen.

Aldous Huxley volvió a la novela utópica con *La isla*, publicada en 1962, una respuesta positiva a su utopía distópica **Un mundo feliz**. En La isla se nos muestra una sociedad ideal. Se trata de un enclave ficticio en la Polinesia donde los habitantes viven felices. En la isla conviven en armonía los avances espirituales y la espiritualidad oriental. Al igual que en **Un mundo feliz**, los habitantes utilizan una droga (moksha) para alcanzar niveles profundos de pensamiento, nuevas percepciones que desarrollan la espiritualidad del hombre.

El archipiélago maravilloso

de

Luis Araquistáin

El archipiélago maravilloso *es la novela más conocida de Luis Araquistáin (1886-1959). Escondida* *la historia tras el velo protector del género especulativo, el escritor teje en esta novela una auténtica telaraña satírica, dirigida en contra de varios fenómenos sociales que florecían en su época, o que llevaban siglos floreciendo. La nueva corriente feminista o el psicoanálisis eran modas que Araquistáin no veía con buenos ojos, como tampoco el conservadurismo clerical. Igual que en* **Los viajes de Gulliver***, de Jonathan Swift, o en* **Cándido***, de Voltaire, los protagonistas, unos marineros españoles naufragados en medio del Pacífico, desempeñan el papel de observadores o testigos de las sociedades utópicas que descubrimos en cada relato.*

*Con el primer relato, titulado "***La isla de los inmortales***", nos adentramos en un país cuyos habitantes han descubierto el secreto de la inmortalidad. Sabiendo que el ser humano no se contenta por naturaleza con lo que tiene, los inmortales de la isla acaban aburriéndose mortalmente en sus (in)actividades y lo único que desean es volver a disfrutar de la codiciada mortalidad.*

*El segundo relato, "**La isla de los zahoríes**", da cuenta de cómo unos seres humanos capaces de leer las intenciones del prójimo provocarían el caos y una carnicería universal, puesto que la envidia y otras pasiones llevan siempre a desear el mal ajeno.*

*La misma denuncia de la maldad humana nos la ofrecen las sirenas feministas del tercer relato, "**Nueva Armórica**", en el que se presenta una sociedad exclusivamente femenina, basada en una ideología igualitaria (para ellas) y en un orden extremo, por el que la crueldad varonil (el hombre es descrito como individuos de ideología secreta y despótica) que desprecian y temen, la superan con creces estas firmes defensoras de la ginecocracia. Si al principio seducen a los marineros con una gracia digna de las sirenas mitológicas, con su don de lenguas y su sensualidad, muy pronto dejan al descubierto su intención de aniquilar el sexo masculino, salvo unos pocos especímenes que aseguren la propagación de la especie.*

Las distopías también gustan de las islas

El escritor inglés William Golding, premio Nobel de literatura en 1983, es conocido por su libro distópico *El señor de las moscas*. En él se describe la progresiva degradación de unos adolescentes de clase educada al encontrarse atrapados en una isla después de un accidente aéreo. La falta de supervisión adulta, el civismo inicial se transforma, por conflictos nimios en microguerras. Lo que podría haberse convertido en una utopía positiva: una isla paradisiaca, jóvenes de clase acomodada, la cooperación entre iguales, se transforma en una devastadora distopía que saca el lado salvaje de jóvenes educados. Con ello el escritor pretende mostrarnos la débil franja que separa nuestro civismo y nuestro salvajismo a poco que las condiciones se tornen adversas.

Pero hay precedentes. La obra *Tierra Austral* (*Las aventuras de Jacques Sader durante el descubrimiento y el viaje a la Tierra Austral*), de Gabriel de Foigny (1630-1692), fue publicada en 1676. Se trata de un relato en primera persona al que le ocurren un sinfín de aventuras fantásticas. Un naufragio deja solo y huérfano a Jacques Sadeur en España; a los 20 años los piratas lo raptan y trasladan al Cong, una isla donde lo abandonan. Allí pájaros gigantes lo transportan a la tierra austral, donde los nativos, que son hermafroditas, acogen a Sadeur con agrado; pero éste se enamora de una mujer enemiga y, amenazado de muerte, huye a lomos de otro gran pájaro a Madagascar y retorna luego a Europa, olvidando el manuscrito de sus peripecias, que es encontrado y publicado por Foigny.

La isla de los pingüinos, de Anatole France, es una alegoría en tono satírico de un curioso curso evolucionista de la humanidad y de la historia de Francia en particular. En ese futuro los pingüinos se han transformado en humanos debido a que por error habían sido bautizados por un miope Abad Mael. Transcurre en el país de ficticio de Alka. El libro está escrito al estilo de un libro de historia de los siglos XVIII y XIX, con sus héroes, fechas clave, hagkiografías, etc. El país de Alka es una isla del norte de Europa. Las historia de este pueblo singular semeja a la historia de Francia desde los años oscuros hasta el renacimiento de la cultura.

También transcurre en una isla la obra de teatro *R.U.R.* (1920), del checo Karel Capek, el primero en utilizar la palabra robot, una distopía de tipo mecanicista. En esta isla apartada un inventor crea un nuevo tipo de hombres mecánicos que pronto se fabrican por millones y ocupan todos los puestos de trabajo de la Tierra. El inventor, un tal Rossum, continúa perfeccionando sus máquinas hasta que éstas se rebelan y destruyen a la humanidad. Los robots, después de leer los libros de los humanos, su historia, concluyen que para ser como ellos son necesarias las matanzas y la dominación. Conscientes de su poder, desean crear un mundo sin defectos donde prime la igualdad. La moraleja es que cuando los robots alcanzan la cultura humana, se convierten en ellos. Por supuesto, heredando sus vicios.

Distopías
(El reverso tenebroso de las utopías)

Las utopías nos empujan hacia un mundo
supuestamente mejor,
pero la tierra prometida suele desvanecerse una vez
alcanzada.
(Rubén Amón, Un viaje al punto de partida)

Los sueños de mundos mejores, más perfectos e igualitarios, llevaban dentro de sus entrañas su opuesto, un lado oscuro que no tardó en resurgir y que en nuestros días se ha convertido en el único aspecto de la utopía. Se denomina distopía. La ingenuidad de los antiguos ya no se sostiene. La Historia nos ha dado buena muestra de lo que sucede cuando se desea implantar la utopía en la sociedad. Por lo tanto una distopía es una utopía *negativa* donde la realidad transcurre en términos opuestos a los de una sociedad supuestamente ideal. En la distopía no hay igualitarismo, la sociedad no es justa, no hay moradores felices. El término fue acuñado como antónimo de *utopía* y se usa principalmente para hacer referencia a una sociedad ficticia (frecuentemente emplazada en el futuro) en donde las tendencias sociales se llevan a extremos donde prima la tiranía y la esclavitud. Fue acuñado por primera vez a finales del siglo XIX por Stuart Mill, quien también empleaba el sinónimo creado por Bentham, *cacotopía*. Ambas palabras se basaron en el término *utopía*, acuñada por Tomás Moro como *ou-topía* o *lugar que no existe*, normalmente descrito en términos de una sociedad perfecta o ideal. Incluso modernamente esos mundos parecen un arte de la catalogación del sufrimiento. Mundos dirigidos hacia la *exiquia* o apagamiento de todo el sistema inteligente humano.

Los textos basados en distopías surgen como obras de advertencia, o como sátiras, que muestran las tendencias actuales más negativas extrapoladas hasta dar en representaciones apocalípticas. Las distopías guardan mucha relación con la época y el contexto socio-político en que se conciben. Por ejemplo, algunas distopías de la primera mitad del siglo XX advertían de los peligros del socialismo de Estado, de la mediocridad generalizada, del control social, de la evolución de las democracias hacia sociedades totalitarias, del consumismo y el aislamiento (*1984*, *Un mundo feliz*), sueños de nadie bajo tantos párpados. Tras la Segunda Guerra Mundial, momento en que la explosión demográfica se perfiló junto con el holocausto nuclear como la gran amenaza global, la literatura comienza a reflejar esa preocupación estrechamente relacionada con el miedo a la extensión del movimiento revolucionario en el Tercer Mundo. Las iras de los hambrientos. Otras más recientes son obras de ciencia ficción ambientadas en un futuro cercano y que reflejan sociedades dominadas por multinacionales tecnológicas y financieras, sociedades donde impera el capitalismo corporativo, militaroide y globalizador. Y es que cada época crea sus miedos.

Porque no es casualidad que las distopías fructificasen durante el siglo XX. Los escritores que las concibieron experimentaron dos guerras mundiales, varios genocidios inconcebibles en tiempos pasados, un deterioro considerable del medio ambiente y la proliferación de hambrunas en el tercer mundo. Razones suficientes para que su imaginación se dejase llevar por ese empeoramiento de la humanidad, esa deshumanización galopante que permite crear mundos donde han vencido las mentiras mejor armadas y se acepta lo peor como destino merecido.

Pero la distopía, en realidad, ya se perfila como género poco después de la aparición de la *Utopía* de Moro, bien como burla o ironía de ciertos aspectos utópicos. Quizás la *dystopía* (así, en forma de latinajo) la inventasen los escritores satíricos, los moralistas enemigos de una secta o de un grupo religioso, que gustaban imaginar y describir de modo burlesco países y estados en que viven las gentes objeto de su crítica. Una de las obras más características de lo que hablamos se debe a Joseph Hall (1574-1656), un hombre de iglesia inglés que llegó a obispo. Pese a una vida agitada fueron sus sátiras lo que le proporcionó mayor fama. Compuso Hall un librito en latín, allá por 1605, titulado: *Mundus alter ed idem sive Terra Australis ante hac semper incognita longis itineribus peregrini Academici nuperrime lastrata. Auth. Mercurio Britannico.* Consta de cuatro libros divididos en capítulos, un prólogo y cinco mapas desplegables, con las tierras fantásticas dibujadas. Después de un preámbulo, firmado como Guillermus Knight, se encuentra el índice, y tras éste el prólogo del autor, contando la ocasión de haberse hecho el itinerario que describe en su obra. El libro primero se dedica a la descripción de «Crapulia» y sus partes. El nombre imaginado es fácil ver de dónde deriva. «Crapulia» linda con otros países con nombres formados sobre palabras del mismo sesgo. Las descripciones, según Caro Baroja, de quien toma la noticia, son un poco reiterativas y farragosas.

Otro libro, en latín, atribuido al jesuita Melchor Inchofer y que se tradujo al francés con el título de *La monarchie des solipses*, fue en realidad obra de Giulio Clemente Scotti (1602-1669), hombre de vida complicada. *Monarchia solipsorum* apareció primero en Venecia, en el año 1645, y tuvo varias ediciones. A partir de 1652 aparece como obra de Inchofer. En la monarquía que describe, con su capital, sus instituciones, sus leyes, sus costumbres, no faltan las guerras y las revueltas. Hay, al parecer, cierta ironía en torno a jesuitas de renombre, así como una burla de los problemas de la Casuística y de la idea, también «jesuítica» según el autor, del Libre Albedrío. De otros grupos religiosos también se hicieron sátiras fingiendo que vivían en determinados países. Así, por ejemplo, hay una *Description du pays de Jansenie, ou il est traitté des sigularitez qui s'y trouvent, des cóutumes, moeurs et religion des ses habitans. Par Louys Fontaines, Sieur de Saint Marcel.* Es éste un libro con un grabado al principio, y entre las páginas 86 y 87 un mapa fantástico del país, con la explicación correspondiente.

Holocausto de la Tierra (*Earth's Holocaust*), de Hawthorne, 1844, es una ficción alegórica en la que los hombres, hartos de acumulaciones inútiles, resuelven destruir el pasado. Una muchedumbre se congrega para ese fin en uno de los vastos territorios del oeste de América. A esa llanura occidental llegan hombres de todos los confines del mundo. En el centro hacen una altísima hoguera que alimentan con todos los diplomas, con todas las medallas, con todas las órdenes, con todas las ejecutorias, con todos los escudos, con todas las coronas, con todos los cetros, con todas las tiaras, con todas las púrpuras, con todos los doseles, con todos los tronos, con todos los alcoholes, con todas las bolsas de café, con todos los cajones de té, con todos los cigarros, con todas las cartas de amor, con todas las armas de fuego, con todas las espadas, con todas las banderas, con todos los tambores marciales, con todos los instrumentos de tortura, con todas las guillotinas, con todas las horcas, con todos los metales preciosos, con todo el dinero, con todos los títulos de propiedad, con todas las constituciones y códigos, con todos los libros, con todas las mitras, con todas las dalmáticas, con todas las sagradas escrituras que en ese momento pueblan y fatigan la Tierra. Un espectador -el demonio- observa que los empresarios del holocausto se han olvidado de arrojar lo esencial, el corazón humano, donde está la raíz de todo pecado, y que sólo han destruido unas cuantas formas. Hawthorne concluye así: «El corazón, el corazón, ésa es la breve esfera ilimitada en la que radica la culpa de lo que apenas son unos símbolos el crimen y la miseria del mundo. Purifiquemos esa esfera interior, y las muchas formas del mal que entenebrecen este mundo visible huirán como fantasmas". *Et sic reliquis.*

El fermento antiutópico tuvo gran calado cultural a finales del siglo XIX y todo el siglo XX. El pesimismo pasó a ser el principal elemento por el que observar el futuro en lugar de las imágenes optimistas: el mañana no tenía por qué ser necesariamente mejor que el presente; es más, podía ser un lugar inhóspito. Lo decía con crudeza un personaje de **1984**, la novela de Orwell: «Si usted desea una imagen del futuro, imagine una bota pisando un rostro humano... eternamente».

La máquina del tiempo (1895), de H. G. Wells es otro ejemplo de distopía: El protagonista de la máquina del tiempo llega a un lugar donde brilla el sol, el cielo es azul, la temperatura, cálida y la naturaleza generosa, con senderos bordeados de violetas y vincapervinca. Aparece una multitud de pequeños seres humanos que rodea al viajero, le contempla y le toca sin el menor temor. Se trata de los *eloi:* unos seres inocentes y bien formados que pasan el día como en ensueños, no trabajan nunca, viven en el gran jardín en el que se ha convertido el mundo, se alimentan exclusivamente de frutos y no parecen conocer el miedo. Da la impresión de que han solucionado todos los problemas de la población: no hay pobreza, ni competencia, ni agresividad en la lucha por la vida. Pero por la noche, los plácidos *eloi* se transforman en seres dominados por el terror. El viajero empieza a comprender que el jardín del edén habitado por los *eloi* sólo muestra una cara del mundo. ¿Adónde conducen los pozos que salpican el paisaje aquí y allá? El viajero pronto conocerá que el desarrollo de la humanidad ha producido dos especies. Bajo tierra habitan los perdedores de la evolución humana: los *morlocks.* Viven en galerías subterráneas y salas de máquinas, y sus atributos físicos se han adaptado a una existencia en la oscuridad. Son criaturas frías, del color gris blanquecino. Los *morlocks* salen de su universo subterráneo únicamente de noche, salen a cazar su alimento, su alimento son los *eloi*. La distopía de Wells está claramente influenciada por la teoría de la evolución darvinista. El pesimismo terminó apoderándose de este gran maestro de la anticipación. En la introducción de 1944 a una versión revisada de su **Breve historia del mundo**, donde antaño celebrara los poderes de la razón y el progreso científico constante, Wells decía con amargura que «una tremenda serie de acontecimientos ha inculcado en el observador inteligente la conclusión de que la historia humana ha llegado a su fin, y que el *homo sapiens*, como le ha gustado autodenominarse, se encuentra, en su forma actual, fuera de juego».

En 1887, la escritora Anna Bowman Dodd publicó **La república del futuro**, una distopía socialista situada en Nueva York en el año 2050. Quería esta escritora dar respuesta a las bobaliconas utopías que en su tiempo se publicaban. En su novela la gente trabaja apenas dos horas al día, visten todos igual, viven con códigos rígidos, que apelan a la repetición, habitan en el mismo tipo de casa. Los niños son educados en centros educacionales públicos. No se puede viajar. Aquellas personas que destacan, en las artes u otra especialidad, son mandadas al exilio. La mediocridad es la norma. La comida tradicional es abolida por píldoras nutritivas. Para llenar el tiempo libre que tienen, los habitantes se obsesionan con su forma física, pasando la mayor parte de su tiempo en los gimnasios.

La obra de teatro **R.U.R.** (1920), del checo Karel Capek, el primero en utilizar la palabra robot, es una distopía de tipo mecanicista. En una isla apartada un inventor crea un nuevo tipo de hombres mecánicos que pronto se fabrican por millones y ocupan todos los puestos de trabajo de la Tierra. El inventor, un tal Rossum, continúa perfeccionando sus máquinas hasta que éstas se rebelan y destruyen a la humanidad. Los robots, después de leer los libros de los humanos, su historia, concluyen que para ser como ellos son necesarias las matanzas y la dominación. Conscientes de su poder, desean crear un mundo sin defectos donde prime la igualdad. La moraleja es que cuando los robots alcanzan la cultura humana, se convierten en ellos. Por supuesto, heredando sus vicios.

Por las fechas en las que se publicó la obra de Carel Câpek **R.U.R.**, apareció **Nosotros** (1924), del soviético Evgueni Zamyatin. Basada en la experiencia del autor en los primeros años del gobierno bolchevique, la novela describía una tiranía ultramoderna de corte comunista. Prohibida inmediatamente en la URSS, la obra marcó un hito al convertirse en la primera pieza de ciencia ficción víctima de la censura política (si llegó a los lectores fue por la edición británica de

1924). Al proclamar que los habitantes del mañana no serían ciudadanos libres sino siervos sumisos, el autor de *Nosotros* reflejaba la pérdida de fe en el futuro forjado por la Ilustración. Significativamente, sus personajes no se identificaban con nombres sino con números (casi medio siglo más tarde, el director de cine americano George Lucas, aplicaría ese recurso con los protagonistas de su poco conocido filme antiutópico, *X.138*).

Giovanni Papini, en su libro *Gog/El libro negro*, nos cuenta que Gog ha adquirido un drama inédito escrito por Miguel de Unamuno. Se titula *El primero y el último*, pero sólo contiene el esbozo de la primera escena. Comienza la acción cuando el mundo está a punto de ser destruido y la vida ha concluido sobre la Tierra. En la inmensa soledad hay dos seres (¿supervivientes o resucitados?), se encuentran y se reconocen: el Primer Hombre o sea Adán, y el Último Hombre, que ni siquiera tiene un nombre al estilo antiguo, sino que es una especie de autómata viviente, identificado por una sigla grabada en una medalla que le cuelga sobre el pecho: W. S. 347926.

En 1932 salió de la imprenta una utopía en cuyo interior existía una antiutopía encubierta: *Un mundo feliz*, del británico Aldous Huxley. Una de sus impactantes imágenes concierne a la Incubadora Central de Londres, cuyo laboratorio produce bebés en serie, regulando su futuro desarrollo físico y cerebral en función de cuatro jerarquías sociales: Alfa, Beta, Gamma y Delta. La obra poseía una carga de profundidad contra el pensamiento utópico.

…/…

El *Gran Hermano* de Orwell es el paradigma de la autoridad del totalitarismo, una autoridad que no puede ser vista pero que controla todo. Es el control oculto, el miedo omnipresente, donde la policía secreta puede aparecer de madrugada en tu casa para llevarte a la cámara de torturas o al campo de trabajos forzados. La novela de Orwell transcurre en el año 1984, año que figura en el escueto título. Las tres potencias mundiales están en guerra permanente entre sí. Inglaterra forma parte de la superpotencia Oceanía. Londres se llama *«Airstrip One»* («franja aérea uno»). El gobierno controla a la población mediante la vigilancia constante, la manipulación y el lavado de cerebro. Se habla el lenguaje propagandístico *Newspeak* («neolengua»), en el que los significados originarios devienen en su contrario o son embellecidos (por ejemplo, en neolengua se dice «nobueno», en vez de «malo»). La utilización de este lenguaje tiene por finalidad aturdir intelectualmente a la población. Los seres humanos son sistemáticamente embrutecidos.

En la novela **La república de los sabios**, la distopía de Arno Schmidt publicada en 1957, se dice que este libro es la traducción al alemán del texto norteamericano de Charles Henry Winer. El libro se considera un "escrito peligroso", y sólo se permite su publicación si es traducido a un alengua muerta (como el alemán en la novela de Schmidt). Arno Schmidt, que era un individualista acérrimo, casi un solipsista, y desafecto del tercer Reich, tenía una visión del mundo extremadamente pesimista. En su novela *Espejo negro* (*Schwarze Spiegel*), describe su reverso utópico como un mundo vacío después de un Apocalipsis causado por los humanos.

El escritor inglés William Golding, premio Nobel de literatura en 1983, es conocido por su libro distópico *El señor de las moscas*. En él se describe la progresiva degradación de unos adolescentes de clase educada al encontrarse atrapados en una isla después de un accidente aéreo. A falta de supervisión adulta, el civismo inicial de estos jóvenes educandos se transforma, por conflictos nimios, en microguerras. Lo que podría haberse convertido en una utopía positiva: una isla paradisiaca, jóvenes de buena familia cooperando entre sí, se transforma en una devastadora distopía que saca el lado salvaje de unos alumnos de un colegio de elite. Con ello el escritor pretende mostrarnos la débil franja que separa nuestro civismo y nuestro salvajismo a poco que las condiciones se tornen adversas.

En 1985 se publicó *El cuento de la criada* (*The Handmaid's Tale*), de Margarett Atwood. La autora canadiense crea en esta novela un futuro distópico en el que la humanidad ha visto reducida amenazadoramente su capacidad de reproducirse y está sometida a un régimen patriarcal por una clase militar dominante, de raza blanca y moral puritana, que rige en la república que Atwood denomina Gilead; fuera se hallan las colonias, donde persisten los factores tóxicos que han estado a punto de provocar la extinción de la vida humana. En esta sociedad, la mayoría de las mujeres son infértiles. Este hecho, unido a la persistencia de las clases sociales y a la primacía del varón, da lugar a la consideración de la mujer en función de su capacidad reproductora y, en concreto, de mantener el predominio de la clase alta que gobierna la sociedad. Las mujeres no pueden tener propiedades; no se les deja ninguna posibilidad de elegir a sus parejas sexuales: han de entregarse a quienes son asignadas; tienen prohibida la lectura y han de vestir según normas muy estrictas bajo pena de deportación a las colonias.

Insiste en sus mundos distópicos la autora canadiense con su novela *El año del diluvio*, publicada en 1992. Margaret Atwood nos presenta en su obra un mundo deshecho después de una catástrofe en forma de plaga. El mundo se vuelve caótico, se crean tribus urbanas, entre las que destacan los Jardineros, quienes preconizan una vida natural, basada en las plantas y productos naturales, una especie de cristianismo naturalista. Se trata de una novela con conciencia verde, donde la visión de **un mundo autodestruido por las empresas farmacéuticas y los poderes políticos** resulta aterradora. Atwood describe el horror de un mundo en el que la humanidad, en aras del progreso científico y tecnológico, no sólo altera el medio ambiente sino que se autodestruye.

*Así se imagina Miquel de Palol al habitante de un mundo distópico en **El jardín de los siete crepúsculos** (1989): "los ojos y la boca hinchados de insomnio y de lágrimas y saliva sintéticas, ulcerados por las humaredas tóxicas y el abominable (y en crecimiento indispensable) hedor de los alimentos, el paladar atestado de dientes inútiles que se cariarán nada más salir, la piel llena de injertos a causa de la radiactividad, y la protección para todo tipo de radiaciones. La alimentación estará totalmente dominada por la química: estimulantes de día, estupefacientes para dormir (que se llamará desconectar), anabolizantes, proteínas y vitaminas artificiales, y sobre todo, digestivos, desintoxicantes, diuréticos, laxantes y regeneradores de las paredes del estómago y la flora intestinal. Por dentro, el panorama* sólo tendrá la ventaja de no verse: marca pasos, respirador, órganos trasplantados, regenerador celular, estabilizadores nerviosos, linfáticos y metabólicos, que le harán palidecer o congestionar según las necesidades, y alarmas de constantes sanguíneas, gástricas, de pulsaciones y de presión..."

La novela de Michael Chabon *El sindicato de policía yiddish,* publicado en 2007, es una ucronía que parte del establecimiento de una comunidad judía en Alaska después de la Segunda Guerra Mundial. En esta microsociedad, la facción más poderosa y ultraortodoxa es una secta hasídica originaria del pueblo de Verbov: los Verbover. Este mundo antiutópico está llegando a su fin, pues el establecimiento judío va a ser revocado. Entre investigaciones, jugadores de ajedrez y profetas asesinados, la novela es una evocación perfecta de un mundo claustrofóbico y cerrado.

Bienvenidos a Metro-Center, de J. G. Ballard (2006) es una acerva crítica al consumo y al confort que lo banalizan todo. Esta distopía de Ballad tiene como centro narrativo un gran centro comercial en Londres (Metro-Center), situado junto al aeropuerto de Heathrow. Este macro-centro atrae a los habitantes de la zona como un imán del consumismo, un lugar que proporciona una sensación de seguridad casi absoluta, donde hay desfiles deportivos, cánticos, ondear de banderas de los distintos participantes, que crea en los espectadores un efecto de hipnosis patriótica que termina con ataques a comercios y viviendas de inmigrantes. Por el consumismo al patriotismo fascista.

El mundo distópico vive bajo la sombra del fantasma del Apocalipsis. Quizás sea imposible desalojarlo, porque, como señala Hans Magnus Enzensberger, constituye la otra cara indisociable de la utopía: "La idea del Apocalipsis ha acompañado al pensamiento utópico desde sus comienzos, y le sigue como su sombra: es su reverso, no se puede separar de ella; sin catástrofe no hay Milenio; sin Apocalipsis no hay Paraíso. La idea del fin del mundo no es más que una utopía negativa".

Pero sin duda, existen diferencias entre el fin del mundo de corte tradicional y su versión atómica. En el mundo tradicional el Apocalipsis mantiene un grado de sorpresa. Se anunciará brevemente, pero todo concluirá rápido. Sin embargo, en nuestros tiempos, el fin del mundo en su versión atómica lleva con nosotros mucho tiempo. La sorpresa se ha cambiado por la espera, se sabe que ocurrirá, pero no cuando. Y a la amenaza atómica se han incorporado nuevas amenazas: el calentamiento global, las plagas microbianas, etc. Hoy la posibilidad de la distopía está inmersa en nuestra psique. Todos somos capaces de imaginar un gobierno que implante en los recién nacidos pequeños chips que permitan la estimulación remota de los centros de placer y dolor. Cuando la persona crezca, el gobierno podrá estimular su centro de placer si el ciudadano se comporta según lo que dictamine la sociedad o estimular el dolor si existen desviaciones a la norma. Sólo con que podamos imaginarlo sin sufrir un shock emocional, da pie para que sea factible su llegada.

Una anécdota ilustra el clima distópico durante la Segunda Guerra Mundial. Cleve Cartmill, un escritor de ciencia ficción en **Astounding Science Fiction**, *recibió una visita intimidatoria del FBI. ¿Motivo? Su relato «Deadline», o, mejor dicho, la gráfica descripción que se hacía en él de la fisión atómica, era tan fiel a la realidad que los agentes sospecharon que se trataba de una filtración de secretos del Proyecto Manhattan. Sin embargo, Cartmill había extraído los detalles técnicos de artículos de divulgación científica aparecidos antes de la guerra. El equívoco fue posible porque el avance*

Hoy abundan, tanto en el cine como en la literatura, las distopías. Pareciera que estuviéramos preparando el terreno para un futuro no muy lejano. Recuerdo la primera vez que vi **Blade Runner**, la película distópica de Ridley Scott. Quedé sobrecogido. Un mundo sucio, oscuro, de lluvia casi constante, habitado por remanentes que por diversos motivos no han podido escapar a mundos exteriores (off world). Una gran película que ha tenido una secuela casi tan buena en **Blade Runner 2049**, dirigida por Denis Villeneuve. Toda una serie de películas distópicas (**Mad max**, de George Miller; **Brazil**, de Terry Gilliam; **Doce monos**, también de Terry Gilliam; **Matrix**, de los hermanos Wachowski) que llevan a la serie distópica por excelencia: **Black Mirror**. Tanto en el cine como en la

literatura, la utopía ha sido sepultada por la
distopía. ¡La utopía ha muerto, viva la distopía!

Apéndice I

Una distopía española

El archipiélago maravilloso

de

Luis Araquistáin

La novela más conocida de Luis Araquistáin (1886-1959) ha sido recién reeditada por la editorial madrileña *La Biblioteca del Laberinto* en un intento loable de rescatar pequeñas obras de interés hoy caídas en el olvido. Escondido tras el velo del género especulativo, Luis Araquistáin ha tejido en su novela una auténtica maraña satírica, dirigida contra diversas costumbres sociales que florecían en su época. La nueva corriente feminista o el psicoanálisis eran aspectos que Araquistáin no veía con buenos ojos, como tampoco el conservadurismo clerical. Igual que en

Los viajes de Gulliver, de Jonathan Swift, o en *Cándido*, de Voltaire, los protagonistas, unos marineros españoles naufragados en medio del Pacífico, desempeñan el papel de observadores o testigos de las sociedades utópicas que descubrimos en cada relato.

Con el primer relato, titulado "*La isla de los inmortales*", nos adentramos en un país cuyos habitantes han descubierto el secreto de la inmortalidad. Sabiendo que el ser humano no se contenta por naturaleza con lo que tiene, los inmortales de la isla acaban aburriéndose mortalmente en sus (in)actividades y lo único que desean es volver a disfrutar de la mortalidad.

El segundo relato, "*La isla de los zahoríes*", da cuenta de cómo unos seres humanos capaces de leer las intenciones del prójimo provocarían el caos y un enfrentamiento universal, puesto que la envidia y otras pasiones llevan siempre a desear el mal ajeno.

La misma denuncia de la maldad humana nos la ofrecen las sirenas feministas del tercer relato, *"Nueva Armórica"*, en el que se presenta una sociedad exclusivamente femenina, basada en una ideología igualitaria (para ellas) y en un orden extremo, por el que la crueldad varonil que desprecian y temen la superan con creces estas desalmadas defensoras de la ginecocracia. Si al principio, con su canto y sensualidad seducen a los marineros con una gracia digna de las sirenas mitológicas, muy pronto dejan al descubierto su intención de aniquilar el sexo masculino, salvo unos especímenes que aseguren la propagación de la especie.

La continuación de **El archipiélago maravilloso**, **Ucronía** es una novela inacabada, escrita en un tono de pesimismo extremo a consecuencia de haber sido testigo de dos grandes guerras durante su vida.

Apéndice II

Las obras escritas o filmadas más representativas

de la distopía

Algunos libros distópicos

. *Los viajes de Gulliver*, de Jonathan Swift (1726)

. *La máquina del tiempo*, de H.G. Wells (1985)

. *Nosotros*, de Evgeny Zamiatin (1924)

. *Un mundo feliz*, de Aldous Huyley (1932)

. *La guerra de las salamandras*, de Karel Capek (1936)

. *Rebelión en la granja*, de Goerge Orwell (1945)

. *1984*, de Goerge Orwell (1949)

. *Fahrenheit 451*, de Ray Bradbury (1953)

. *La naranja mecánica*, de Anthony Burgess (1962)

. *¿Sueñan los androides con ovejas mecánicas?*, de

Phillip K. Dick (1968)

. *Todos sobre Zanzíbar*, de John Brunner (1968)

142

. *La exhibición de atrocidades*, de J. G. Ballard (1970)

. *Akira*, manga de Katsuhiro Otomo (1982-1993)

. *Neuromante*, de William Gibson (1984)

. *El cuento de la criada*, de Margaret Atwood (1985)

. *Hijos de los hombres*, de P.D. James (1992)

. *El año del diluvio*, de Margaret Atwood (1992)

. *Nunca me abandones*, de Kazuo Ishiguro (2005)

Algunas distopías recogida en el cine

. *Metrópolis*, de Fritz Lang (1927)

. *1984*, de Michael Anderson (1956)

. *El último hombre sobre la tierra*, de Ubaldo Ragona (1964)

. *Alphaville*, de Jean Luc Goddard (1965)

. *Fahrenheit 451*, de Françoise Truffaut (1966)

. *La naranja mecánica*, de Stanley Kubrik (1971)

. *THX 1138*, de George Lucas (1971)

. *Soley Green*, de Richard Fleischer (1973)

. *Zardov*, de John Boorman (1974)

. *La fuga de Logan*, de Michael Anderson (1976)

. *Mad Max*, de George Miller (1979)

. *Blade Runner*, de Ridley Scott (1982)

. *Brazil*, de Terry Gillian (1985)

. *Akira*, de Katsuhiro Otomo (1988)

. *Acción mutante*, de Alex de la Iglesia (1993)

. *Doce monos*, de Terry Gillian (1995)

. *Gattaca*, de Andrew Niccol (1997)

. *Dark City*, de Alex Proyas (1998)

. *Matrix*, de los hermanos Wachowski (1999)

. *Battle Royal*, de Kinji Fukasaku (2000)

. *Equilibrium*, de Kurt Wimmer (2002)

. *Minority report*, de Steven Spielberg (2002)

. *La isla*, de Michael Bay (2005)

. *V de Vendetta*, de James McTeigue (2006)

. *Hijos de los hombres*, de Alfonse Cuarón (2006)

. *El cielo de medianoche*, de George Clooney (2020)

Las series distópicas más importantes

The Walking Dead (2010), horror zombi post apocalíptico basada en la serie de comics de Robert Kirkman, Tony Mooore y Charlie Adlard (2010)

Black Mirror (2011), de Charlie Brooker, una de las distopías más influyentes de este siglo y que nos advierte del peligro de la tecnología.

Utopía (2013), de Dennis Kelly. Visionaria anticipación de la actual pandemia filmada con maestría y original colorido.

Mr. Robot (2014), de Sam Esnail. Hackers que destruyen el mundo financiero tal como lo conocemos.

Los 100 (2014), creada por Jason Rothenberg. Sólo cien personas deben sobrevivir para que la estación en la que orbitan sea sostenible.

The Expanse (2015). Serie basada en los libros de James S. A. Corey. Conflictos en los mundos exteriores donde Marte y la Tierra están enfrentados.

The Man in the High Castle (El hombre en el castillo) (2015), basada en la homónima novela de Phillip K. Dick. La segunda guerra mundial con victoria nazi-nipona.

Westworld (2016), de Jonathan Nolan. La creación de un mundo personal en forma de parque de atracciones donde vivir experiencias no reguladas, pero cuyos personajes artificiales se revelan.

The Rain (2018), Distopía sueca que muestra los peligros de la lluvia ácida.

3%, (2016). Serie brasileña de Pedro Aguilera. Dos mundos. Para acceder al mundo paradisíaco hay que afrontar terribles pruebas. Solo el 3% será elegido.

Apéndice III

Un encuentro entre la utopía y la distopía

Encuentro imaginario entre
McEstoico y McEmpírico

A mediados del siglo XIX, McEstoico y McEmpírico se encuentran durante un viaje. Discuten sobre la utilidad de la ciencia, McEstoico despreciando la subordinación de esta moderna disciplina a lo práctico y dando sólo mérito a la rectitud de espíritu y el fortalecimiento moral del individuo, McEmpírico partidario a ultranza de esta nueva forma de comprender el mundo. Ambos llegan a una ciudad donde una epidemia hace estragos. Todas las casas están de luto, la industria y el comercio se ha detenido y las madres lloran con temor por sus hijos. McEstoico predica a la población sobre la nobleza del sufrimiento y les pide entereza ante la adversidad. McEmpírico se remanga, consigue una lanceta y comienza a vacunar. Al cabo de una semana McEmpírico ha salvado a cien niños que volverán a las fábricas textiles a trabajar doce horas diarias en condiciones insalubres y por un salario misérrimo. La población da las gracias efusivamente a McEmpírico mientras mira con recelo al hombre togado que le acompaña. Los industriales de la zona felicitan también a McEmpírico, pero quieren contratar a McEstoico como jefe de relaciones humanas de sus industrias. McEstoico y McEmpírico prosiguen viaje. En su camino se encuentran con un grupo de mineros lamentándose angustiados porque una explosión subterránea ha sepultado a muchos de sus compañeros. McEstoico les incita a aprovechar moralmente esta tragedia, utilizándola como ejemplo de entereza que ha de soportar todo trabajador en su cotidiano bregar. McEmpírico, menos discursero, diseña una lámpara de seguridad. Los mineros, con el nuevo instrumento, pueden ahora bajar a mayor profundidad y rentabilizar vetas más peligrosas, lo que proporciona mayores beneficios a los empresarios y no disminuye la mortandad laboral del sector. McEmpírico es de nuevo felicitado, esta vez por la burguesía minera. Ambos personajes prosiguen viaje. En una playa se topan con un mercader que llora desesperado. Su barco ha naufragado, su valiosa carga se ha hundido, y en un momento ha pasado de la opulencia a la miseria. McEstoico le exhorta a no buscar la felicidad en las cosas materiales y a recibir con optimismo su nueva situación de pobreza. McEmpírico construye una campana submarina, se sumerge en el mar y devuelve al mercader los objetos más valiosos del barco naufragado. El mercader se lo agradece, le da una propina ridícula y vuelve a su palacete donde puede seguir tiranizando a sus criados y sirvientes, golpeando a su esposa e hijos y blanqueando dinero negro proveniente de la venta de esclavos. Los dos personajes prosiguen su periplo. En el camino, McEmpírico le echa en cara a McEstoico que, en vez de obrar, filosofe, mientras él, gracias a la ciencia y la tecnología, hace progresar la sociedad y la justicia dentro de ésta. McEstoico, que es consciente de las consecuencias de los actos de su amigo, se excusa, se aparta del camino, escribe una nota para McEmpírico y se corta las venas. McEmpírico, ante la tardanza de su amigo, va a buscarlo y lo encuentra muerto, desangrado, con una nota en la mano. McEmpírico toma la nota y lee:

"Para proseguir tu viaje en la compañía apropiada busca al tipo cuya dirección abajo te indico. Se llama Carlos Marx."

La Tierra errónea

Entreabrió los ojos y las luces del techo le cegaron. Los volvió a cerrar. Oía ruido de utensilios, algunas voces mitigadas. Entreabrió de nuevo los ojos, pero con más cuidado. Distinguió rostros encima de él, rostros extraños, como si llevaran máscaras o pertenecieran a especies diferentes. La somnolencia que le atenazaba provocaba que los sonidos de las palabras le resultaran indistinguibles. Una voluntad recóndita le incitaba a abrir los ojos, a despertar, pero una pereza igual de misteriosa luchaba por devolverle a la quietud de la inconsciencia. Cuando ésta, más fuerte, le arrastraba al sueño, notaba sacudidas, como si algún agente externo tratara de impedírselo. Las luces seguían ahí, cegadoras, sobre su cabeza. Fue consciente entonces de que debía estar echado, quizás sobre un lecho. Con el recobrar de una débil conciencia afloraron una ristra de visiones a su mente: un jardín con flores, el vaivén del mar embravecido, cielos límpidos de azul y un viento suave. Ignoraba de dónde procedían esos recuerdos, no lograba vincularlos con su persona. Las voces se hicieron más discernibles y logró distinguir algunas palabras: paciente, constantes, recobrar, y otras cuyo significado se le escapaba. Cuando consiguió abrir los ojos sin ser deslumbrado, advirtió que le observaban varias personas con gorritos de tela y mascarillas de plástico sobre la boca. Coligió que eran médicos y que él debía hallarse en una camilla o mesa de quirófano. Esto último era lo más probable. Estaba siendo sometido a una operación, o surgía de ella. Pero no recordaba haber estado enfermo, ni haber entrado en ningún hospital. Todo le parecía ausente y extraño. Cuando sus sentidos se afincaron en la realidad, quiso hablar, pero se dio cuenta de que tenía la boca cubierta por un respirador y que de su nariz emergían tubos con líquidos. Decidió esperar. Al cabo de un rato oyó que alguien ordenaba que le volviesen a sedar y notó un pinchazo. De nuevo la nada.

Se despertó en una habitación escueta y sin ventanas. Estaba acostado en una cama estrecha A su lado había un aparato de monitorización, uno de cuyos cables estaba conectado a una cinta sensora que le circundaba la cabeza. Miró a su alrededor. La habitación, además de pequeña, carecía de adornos. Era la típica habitación de hospital o de institución de reposo, un recinto pensado para albergar a moradores pasajeros. Durante ese primer día de conciencia, solo vio a una enfermera, o una mujer a la que tomó por tal, que le trajo un refrigerio en un vaso con un tubito para sorber, una especie de jugo que sabía a frutas y que le pareció, por su espesa consistencia, muy nutritivo. A continuación la mujer le tomó los brazos y se los masajeó con movimientos expertos. La manipulación de sus miembros permitió a Leopoldo advertir lo flojos que los tenía. Ni siquiera hubiera podido sostener con ellos el recipiente con el líquido. Luego de masajearle los brazos y los dedos, procedió a friccionarle los hombros. La chica, ante sus preguntas, le dijo que mañana vendría alguien a explicarle todo. Al rato se fue. Al quedarse solo, caviló sobre lo que había querido decir la muchacha con ese "explicarle todo". La verdad es que no recordaba nada de su vida anterior. Sólo un nombre acudía regularmente a su memoria: Leopoldo. No sabía si era el suyo o el de un ser querido. Decidió apropiárselo. Al menos tendría un nombre. Leopoldo. Trató de convocar recuerdos. Fue en vano. Estos, en forma de visiones, sólo le acometían durante los duermevelas y eran siempre los mismos: un jardín con flores, las olas del mar, un mar verde y embravecido, cielos límpidos de azul y una brisa que acariciaba su rostro, un rostro de niño o de jovencito. Poco más. Hubo un momento en que vio a un bebé llorando. Pero no sabía si se trataría de un hijo. Puede que tuviera un hijo, lo que quería decir que tenía esposa. ¿Y sus padres? ¿Vivirían aún? Tampoco recordaba su propio aspecto. Se tocó el rostro con una mano débil y por la tersura de la piel y la dureza de la barba coligió que tendría unos cincuenta años. Pero podría equivocarse. Necesitaría contemplarse en un espejo. Podía esperar. Mañana se enteraría de "todo". Eso le había dicho la enfermera, o camarera. Ni siquiera sabía dónde se encontraba. Probablemente en un hospital. Lo decía por los recuerdos recientes, donde se vio tumbado y personas con aspecto de cirujanos inclinados sobre él. Mañana lo sabría.

Leopoldo se despertó de golpe con un grito. Estaba bañado de sudor. A las secuencias habituales de sus sueños se habían añadido un cortejo fúnebre, el rostro de una anciana que se iba volviendo joven, los gritos de niños jugando en un jardín de infancia, una fiesta de cumpleaños, sin precisar si era él el homenajeado o un hijo suyo. Pero lo que le había hecho despertar angustiado fue la sensación de ahogo al verse sumergido, el líquido entrándole a borbotones por la garganta. Miró a su alrededor. Estaba amaneciendo. Advirtió que la máquina que le monitorizaba ya no estaba. Ninguna cinta sensora ceñía su cabeza. Se la habrían llevado durante la noche. Quiso enderezarse pero apenas consiguió erguirse unos centímetros. Trató de menear las piernas y éstas no le respondieron. Tuvo que hacer un gran esfuerzo para conseguir que éstas se movieran ligeramente. Los brazos, aunque le dolían, le costaba menos moverlos. Achacó la diferencia al masaje dado ayer por la enfermera. Leopoldo retiró como pudo las mantas y vio sus delgadas y blanquecinas piernas asomar de un camisón de enfermo. Se las tocó con las manos. Apenas las sentía. En eso entró la enfermera del otro día, que le dijo que ahora vendrían a masajearle las piernas. La muchacha le trajo otro jugo similar al de ayer y volvió a friccionarle los hombros y los brazos. Antes de marcharse vino otra mujer, una mujer mayor, pero robusta, que se presentó como fisioterapeuta. Ésta, con manos fuertes y hábiles, le tomó una pierna y se la movió en todas las direcciones. A continuación le manipuló la otra. La sesión de masaje duró media hora. Luego la mujer se fue y Leopoldo se quedó sólo. Trató de recordar el rostro visto en sueños, el de la anciana que se volvía joven. Cada vez que la recordaba sentía una sensación de amparo, un sentimiento que no podía definir pero que le agradaba. Concluyó que se trataba de su madre. Estaba tratando de recuperar ese rostro que le resultaba querido cuando hizo su entrada en la habitación un hombre alto, enjuto, que llevaba en las manos una tablilla electrónica. El hombre se presentó como el doctor Urrutia. Después de observarle durante un rato con minuciosidad de entomólogo, el doctor tomó una silla y se sentó junto a su cama.

-Bien, señor López. Me imagino que su cabeza es un hervidero de preguntas. Antes de que las formule, trataré de resumirle la situación lo mejor que pueda. Usted formaba parte de una partida de personas con enfermedades incurables que fue criogenizada. Se hizo, aunque le parezca chocante, por sorteo. La criogenización era en aquellos tiempos un proceso muy caro. La sanidad pública, en manos de gobiernos populistas, puso de moda los sorteos entre aquellos enfermos que cumplieran los requisitos para ser criogenizados. En resumen, usted fue uno de los afortunados. Y acaba de ser reanimado y su enfermedad, en aquella época mortal, ha sido erradicada mediante una sencilla intervención. Está usted curado y su estimación de vida restante es de 57 años. Y ahora permítame que le haga una pregunta. ¿Cuál es el último año que recuerda usted?

Leopoldo, ahora Sr. López, caviló frunciendo el ceño y respondió.

-No estoy muy seguro. Me suena el 2088 ó 2089.

-Usted fue criogenizado exactamente en 2108.

El señor López meditó unos instantes sobre la fecha mencionada por el doctor Urrutia e hizo la única pregunta que podía hacer en su situación.

-¿Y en qué año me encuentro?

El doctor consultó con su tablilla de datos, tocó algún sensor y mostrándole una pantallita donde aparecía la fecha, contestó:

-Estamos en 2339. No se esfuerce en hacer el cálculo; ha permanecido usted dormido 231 años. Durante ese tiempo, su cuerpo ha sido nutrido, monitorizado y sus músculos periódicamente sometidos a descargas nerviosas, pese a lo cual necesitará todavía un tiempo de recuperación hasta alcanzar la movilidad que le permita valerse de sus extremidades. 231 años es mucho tiempo, más de lo que se considera conveniente e incluso rentable. Su largo sueño se ha debido no a que hayamos tardado en encontrar una cura para su dolencia sino en un error burocrático. Una de las cláusulas de los contratos de criogenia establece que pasados cien años, si todavía no existe cura para el mal que originó el proceso de letargo, los mecanismos que lo mantienen vivo deben desconectarse y al paciente se le deja morir. En su caso, un error administrativo, repito, soslayó este período de caducidad y ha seguido gastando recursos de nuestra Compañía, que es una firma privada que posee accionistas que buscan la máxima rentabilidad. Al descubrir el error, en vez de dejarle morir, pues la Compañía también posee un código ético, y habida cuenta que el fallo era imputable a nosotros, se decidió recuperarle y darle la oportunidad de integrarse en una sociedad muy diferente a la que usted conoció, pero que le permitirá vivir aún unos 57 años. Por desgracia, el Ente Público que hace las funciones de gobierno no asume el costo de su supervivencia y la Compañía ha de hacerse cargo de usted.

El doctor Urrutia guardó silencio para permitir que el paciente asimilara todo el cúmulo de información que le había proporcionado. El señor López, mientras cavilaba, compartió el foco de su mirada entre el doctor y la pared que le quedaba enfrente. Al rato, y por toda curiosidad, preguntó:

-He discurrido que me llamo Leopoldo, no sé por qué, pero ignoraba que mi apellido fuera López. ¿Es ése realmente mi apellido?

-No, ese no es su apellido. Y ya que cree llamarse Leopoldo, se llamará en adelante Leopoldo López. A todos los despertados, designación que damos los que abandonan la criogenia, se les da un apellido diferente, para evitar que quieran hurgar en su pasado, curiosidad que sólo provocaba sinsabores, desánimo y tristeza. Usted comienza ahora una nueva vida. Y es por ello que necesita una nueva identidad. Es posible que posea recuerdos de infancia o juventud, pero le advierto que no tienen por qué ser auténticos, pueden provenir de algo que haya visto en imágenes, o leído, no tienen que corresponder a su vida anterior. La experiencia nos dice que los despertados nunca vuelven a recuperar su antigua identidad. Hay casos en que estos recuerdos, de obsesionante recurrencia, lastran la nueva existencia del despertado. Para esos casos existe medicación que los elimina.

Los dos hombres guardaron silencio. Fue Leopoldo, ahora Leopoldo López, quien rompió el silencio.

-¿Cuándo cree que me recuperaré y podré salir de aquí? ¿Estoy en un hospital privado?

-Aún tardará varias semanas en recuperarse. Su cuerpo necesita acostumbrarse a los alimentos semisólidos. Porque le informo que ya no existen los alimento sólidos tal como usted los conoció. Ahora la nutrición se basa en productos líquidos, pastillas o papillas. Para ayudar a su recuperación física, se le han prescrito masajes, que creo que ya han comenzado. En cuanto a la segunda pregunta, se halla usted en el ala de despertados de la compañía de criogenia que le ha mantenido congelado durante los dos últimos siglos.

-¿Y luego qué, doctor? ¿Qué haré?

-En cuanto se recupere, se le subirá al Domo, un mirador exterior con una cúpula de plasvidrio, para que compruebe en lo que se ha convertido el mundo que usted conoció y se le dará dos opciones: pedir la eutanasia o elegir vivir, en cuyo caso se le asignará un lugar en el subsuelo para vivir y una labor que realizar para evitar el siempre pernicioso ocio.

Ante la mirada atónita de Leopoldo, el médico aclaró:

-No se asuste. Toda la humanidad vive en el subsuelo. El mundo exterior es inhabitable. Sin capa de ozono, no hay seres humanos que vivan en el exterior, salvo en algunas zonas privilegiadas. Ahora nos encontramos en el piso subterráneo número 59, ala X1. El piso 59 de esta ciudad subterránea es propiedad de la Compañía, lo que le dará una idea de su importancia. Es la empresa privada más grande, en recursos humanos y financieros, de esta zona del país. La razón de subirle al Domo y mostrarle la superficie de lo que fuera la parte del planeta que usted conoció, es para ayudarle a tomar la decisión. Son muchos los que, después de contemplar en lo que se ha convertido su añorado mundo, y no agradándoles la perspectiva de vivir enterrados, eligen la eutanasia. La visita al Domo, además de conveniente, es un requisito legal para con los despertados. Y ahora le dejo. Quizá no debería haberle proporcionado tanta información de golpe. Medite sobre su situación. Le servirá para tomar luego la decisión correcta.

El doctor Urrutia se levantó, dejó la silla en la pared de donde la había tomado y salió de la habitación. Leopoldo volvió a quedarse solo. Su cabeza era un hervidero de dudas e hipótesis. Le resultaba difícil asimilar el hecho de haber permanecido congelado durante más de 200 años. Tampoco sabía cómo asumir la circunstancia de tener que vivir bajo tierra. No ver más la luz del sol. ¿Cómo se distinguirían en un lugar así las noches de los días? ¿Habría sirenas o cambios de iluminación que indicaran este ciclo? Y la comida. No se imaginaba alimentándose sólo de jugos como los que le traía la enfermera. Pero más le preocupaban los recuerdos, el hecho de haberlos perdido. No saber quién fue en realidad, en esa su primera vida, la de verdad, la que primero arraiga, la que confiere impronta... Ser un hombre sin recuerdos equivale a ser un hombre sin raíces. ¿Qué existencia puede llevarse sin ese equipaje psíquico primordial? Un ser sin anclaje dotado de falsa cronología, un robot. ¿Qué le movería a seguir viviendo durante 57 años, con qué fin? ¿Sólo por satisfacer un latente instinto de supervivencia? Sería ese tiempo como la extenuación de una plegaria...

Leopoldo fue interrumpido de sus desazones por la entrada de la enfermera, con su vaso de jugo y la masajista, con varias toallas térmicas colgando de sus regordetes brazos. Leopoldo se tomó el jugo y luego se preparó para someterse a los masajes. Decidió no pensar en nada, dejarse llevar por el mero placer de sentir sus músculos reaccionar al contacto de unas manos fuertes y decididas.

Era el segundo día que Leopoldo se levantaba. Como en la anterior jornada, se dedicó a dar vueltas por la habitación. Sus piernas aguantaron mejor que ayer. Estaban cogiendo fuerza. Ya incluso se le dibujaban algunos músculos. La labor de la masajista había sido efectiva. Confiaba que en breve le dejasen salir de la habitación. Tenía curiosidad por ver algo más allá de esas cuatro paredes que habían sido su diminuto hogar durante dos semanas. Conocer otras alas de esa planta, incluso otros niveles, subir hasta la cúpula de plasvidrio, el Domo, que mostraba la superficie del planeta. El jugo que fue su nutriente durante la primera semana había dado paso a líquidos de diverso consistencia y papillas de diversos colores y sabores. Por lo visto, en esa combinación consistía la dieta normal de las personas. La enfermera, con la que tenía más confianza, seguía siendo reticente a la hora de contestar a sus preguntas. Seguramente tendría instrucciones. Leopoldo no había vuelto a soñar con ese rostro anciano que asumió era su madre. Como si la advertencia del médico hubiera accionado cierto resorte onírico que cerraba su paso. Ahora apenas recordaba lo soñado. Salvo una vez que soñó con la masajista. Ésta le apaleaba más fuerte de lo normal y luego trataba de ahogarle con la almohada. Se despertó angustiado en medio de la noche. Lo remarcable del asunto es que había soñado por primera vez con alguien que pertenecía a su nueva vida. Lamentaba, no obstante, haber perdido esos sueños que mostraban el oleaje del mar, la brisa, el jardín florido. Quizá al ser informado de que esos recuerdos no tenían por qué ser reales, su subconsciente había cegado los conductos por donde estos sueños surgían. Durante una de las muchas vueltas a la habitación, Leopoldo recibió la visita del doctor Urrutia, que al verle caminar sonrió aprobatoriamente.

-Veo que hace progresos. Me alegro. Me gustaría que su decisión, de la que le hablé en nuestro primer encuentro, se tomase esta misma semana. Se la recuerdo: eutanasia o reinserción en la sociedad de este distrito. ¿Necesita alguna cosa?

-Me gustaría recibir algún periódico, o ver algún noticiario, o su equivalente. Saber de qué va la vida en este sector, demarcación o ciudad subterránea. Ah, y poder pasear por el corredor, fuera de esta habitación que me produce ya claustrofobia.

-Acaba de mencionar la palabra prohibida. Como comprenderá, en una sociedad que vive en el subsuelo, en recintos normalmente pequeños e incluso compartidos, la claustrofobia supone un grave problema. Para evitarlo se han creado eficaces implantes cerebrales que la eliminan. Si usted sufre de ese mal, por favor indíquenoslo y se lo solucionaremos. En cuanto a las noticias, ésta funcionan ahora mediante implantes en la retina y el cerebro. No hay escritura en papel. Las pantallas que verá en ciertas áreas, están todas vacías y sirven para que cada uno sintonice el canal que desee desde su cerebro. La misma pantalla permite a diferentes personas ver retransmisiones diferentes. Pero usted todavía no dispone de esos avances neurológicos. Si decidiese quedarse con nosotros, se le implantarán. En cuanto a lo de pasear por el corredor, puede hacerlo, pero acompañado por la enfermera. No verá gran cosa, pues el pasillo es corto y a los lados sólo hay paredes grises y algunas puertas que dan a habitaciones como la suya. Le daré instrucciones a la enfermera. En un par de días volveré por aquí y posiblemente le subamos hasta el Domo. Luego deberá tomar la crucial decisión. Ah, se me olvidaba, le dejo aquí un tablero de lectura para que le sirva de distracción. Sólo contiene una obra, que damos a leer a nuestros despertados. Sirve de preparación para la decisión. Buenos días.

El doctor Urrutia dejó el tablero de lectura encima de la cama y salió de la habitación. Leopoldo se quedó allí, cavilando. Cada vez que pensaba en la decisión que había de tomar le entraba un desasosiego que era incapaz de explicar, pues en principio no parecía que existiesen dudas sobre lo que le convenía elegir. La visión del mundo exterior no podía ser tan apocalíptica que le hiciera desear no existir. Y sin embargo, el doctor le había hablado de un porcentaje elevado de casos que elegían su propia desaparición. Leopoldo se acercó a la cama y tomó el tablero. Lo encendió. Apareció, en letras de gran tamaño, el título de la obra: *Sentencias de la Tierra Errónea*. Leopoldo se dirigió a un pequeño sillón sito en una esquina de la habitación, se sentó y comenzó a leer. Consistía el libro en una recopilación de sentencias, ordenadas por autor, de carácter pesimista. Los autores, según sus breves biografías, pertenecían en su mayoría a los siglos XX y XXI. Curiosamente no encontró escritores que hubieran nacido durante los dos últimos siglos. Como si la escritura durante ese tiempo hubiera dejado de existir, o estuviera proscrita, o no hubiera dado frutos pesimistas, lo que era inconcebible. Leopoldo comenzó a leer siguiendo la ordenación de los autores en orden alfabético:

"¿Por qué afanarse en estériles luchas, si al final del camino se encuentra como todo premio un sepulcro profundo y una nada infinita?"

La frase se atribuía a un tal Roberto Arlt. Y de un escritor llamado Pío Baroja, extrajo estas gotas de desesperación:

"El hombre me parece la cosa más repugnante de este planeta".

"Nuestro mundo,... una bola inútil y estúpida repleta de carne dolorida, que anda paseándose por los espacios".

De un poeta que se llamó Francisco Brines, constaban estas sentencias, o versos, o lo que fueran:

La belleza es un vómito; la vida
Se complace en la justicia de no amarla.

En la noche más calma habita el asco.

Le afectó sobremanera ésta frase de un tal
Elías Canetti:

Tal vez no haya una sola persona digna de tener
un hijo.

Y se acordó de ese medio recuerdo de un
niño llorando, un bebé, quizá su hijo en esa vida
antes de la congelación. Siguió leyendo:

"He venido no sé por qué;
    Un día abrí los ojos: he venido".

Estos versos atribuidos a un tal Luis
Cernuda le recordaron su despertar, su segunda
venida. Igual que el poeta, él también había
abierto los ojos y se había encontrado aquí, había
venido. Sin más. Siguió con Luis Cernuda:

"Mas mira como el alba a la ventana

te convoca a vivir sin ganas otro día".

Si cambiaba la palabra ventana por Domo, de nuevo la frase parecía encajar con su propia experiencia. Le resultó curiosa esa semejanza entre las situaciones que describía el poeta y las suyas.

Sin embargo, las sentencias más cargadas de pesimismo deprimente, casi enfermizo, correspondían a un escritor o filósofo o enterrador que en vida recibiera el nombre de Émil Cioran:

"En cada transeúnte discernía yo el fiambre, en cada olor, la podredumbre, en cada alegría, la última mueca".

"Creo en el porvenir de lo terrible".

"Concebir un pensamiento, un solo y único pensamiento, pero que hiciese pedazos el universo".

"No existe ningún medio de *demostrar* que es preferible ser que no ser".

"Sólo el idiota está equipado para respirar".

Ese supuesto idiota equipado para respirar y que estaba leyendo esas frases de la tablilla, pasó rápidamente por los siguientes autores, hasta parar en una frase que era casi un presagio:

"Vivir más de cuarenta años es obsceno, vulgar e inmoral".

Quien así se expresaba era un escritor ruso llamado Fiodor Dostoievski, y la frase provenía de una obra titulada, quizá proféticamente *Apuntes del subsuelo*. Un subsuelo que imaginó como el que le esperaba después de tomar la decisión. Leopoldo, el señor López, apagó el tablero y lo arrojó sobre la cama. No quería leer más. Se preguntó si a todos los pacientes que debían tomar la vital decisión les entregarían un tablero de lectura con esa misma obra: *Sentencias de la Tierra Errónea*. La obra, era evidente, estaba destinada a hacer pensar al lector que vivía en una Tierra errónea, con la idea de inclinarle a tomar la decisión de no seguir viviendo. Lo que conllevaría menores gastos para la Compañía y mayores dividendos para sus accionistas. Consideró Leopoldo que este tipo de adoctrinación pesimista podría explicar el alto índice de decisiones pro eutanasia del que parecía vanagloriarse el doctor Urrutia. Interiorizar estas frases después de ser despertado no debía predisponer a alargar la existencia, y menos en un mundo donde la luz no encontraba residencia, un mundo sin naturaleza, presos sus habitantes en una tristeza de cadena perpetua. Una exposición suficiente al influjo de este pesimismo en grageas podía inclinar a un ser debilitado por años de letargo a preferir el no ser, el retorno a la inconsciencia, que en su mente así adoctrinada adquiriría el prestigio de un acogedor vientre materno.

Leopoldo pasó los días siguientes andando por el pasillo acompañado de la enfermera. No había vuelto a encender el tablero de lectura. Le disgustaba su contenido tanto como las intenciones que subyacían en su entrega. Comía a sus horas, se ejercitaba, recuperaba fuerzas. También dormía, dormía todo lo que podía. Pero curiosamente, sin sueños. Esa falta de sueños le llevó a considerar que quizá le hubieran dado con el alimento alguna sustancia que los eliminase. No era inverosímil. Fue durante uno de estos paseos con la enfermera cuando el doctor Urrutia, que venía a visitarlo, le anunció que ya estaba lo suficientemente recuperado para subir al Domo. Le traía ropa para cambiarse. Leopoldo, acompañado por el médico, volvió a la habitación y se vistió con un traje que semejaba un mono de trabajo, gris pálido, de un tipo de tejido extraño pero cómodo. Ya vestido, el doctor le pidió que le acompañase. Recorrieron el pasillo hasta el final, donde había una puerta que el doctor abrió con una presión de su dedo índice sobre una célula fotoeléctrica. Accedieron a una especie de recibidor con otra puerta que era la del ascensor. El doctor lo llamó mediante el mismo procedimiento de posar su índice sobre un dispositivo de identificación cutánea. Arribó el ascensor y entraron. Una de las paredes del ascensor era de cristal, pero daba a un muro gris. Al poco de comenzar a elevarse, el muro desapareció y Leopoldo pudo ver lo que en una primera impresión le pareció un enorme hormiguero formado por galerías distribuidas en niveles, pobremente iluminadas y con personas pululando por ellas. Miró hacia arriba y no distinguió el final, hacia abajo y tampoco. Todo eran galerías concéntricas, lugares donde la gente debía vivir y trabajar, como en un hormiguero. Descubrió al doctor Urrutia observándole con una sonrisa enigmática en la boca. Su cara debía reflejar una mezcla de sorpresa, desconcierto y perplejidad. Como si adivinase la confusión de Leopoldo, el doctor Urrutia le dijo:

-Esas galerías son el hogar de los cientos de miles de personas que viven en este sector. En una de ellas tendría que vivir usted, desempeñando alguna labor social o productiva. No podrá salir de su nivel salvo permiso expreso de su coordinador de zona. Y nunca, bajo ninguna circunstancia, le sería permitido subir en este ascensor hasta el Domo de plasvidrio. Este será su único viaje a ese lugar. Un privilegio reservado a los despertados.

Leopoldo recibió en silencio la información, sus ojos mirando, con afán de aprehenderlo, esa perspectiva de las galerías subterráneas que jamás volvería a ver. La advertencia del doctor Urrutia había sonado ominosa. Es posible que esa fuera su intención. Al cabo de un largo minuto, el ascensor perdió velocidad y se acercó despacio hasta una abertura iluminada que podía ver sobre su cabeza. Poco a poco, la barquilla que los elevaba quedó encajada un una plataforma y las puertas se abrieron. Leopoldo caminó detrás del doctor por un pasillo que terminaba en una sala amplia, el famoso Domo con su cúpula de plasvidrio desde donde se podía observar el exterior. Leopoldo, sobrecogido por la emoción, contempló su añorado mundo. El espectáculo era escalofriante. No sólo por la visión de un paisaje yermo bajo una luz enfermiza debida a nubarrones espesos que impedían penetrar los rayos de sol, sino por reconocer lo que otrora fuera la ciudad donde habitó, ahora un paisaje en ruinas, edificios abandonados, y una raquítica vegetación que lo cubría todo. Las nubes, de un plomizo carmesí, teñían el paisaje, desolado de por sí, con tintes malsanos. Parecían, esas nubes aciagas, estar fijadas en un cielo con miles de años de vacío. El doctor Urrutia permanecía en silencio a su lado, permitiéndole que asimilara sin ayuda toda la pesadumbre emocional que causaba tan sombrío panorama. Leopoldo sentía una fuerte opresión en el pecho, las sienes le palpitaban con dolorosa celeridad. Él había conocido ese mundo con sol y vegetación alegre, luz y hombres, risas y juegos. Ahora esa vida exterior llena de colorido había dado paso a existencias grises que transcurrían en galerías subterráneas. Leopoldo fue entonces consciente de que lo que se buscaba con esta visita al Domo era influir en la decisión de los despertados. El Domo era túmulo era trampa era cripta y podre. Al parecer la Compañía encontraba caro correr con los gastos de subsistencia de los reanimados. La eutanasia representaba la opción más rentable. Y la visión deprimente del mundo tal como se percibía a través de la cúpula de plasvidrio, sin duda predisponía a preferir la muerte. Un gasto menos para la Compañía. Más dividendos para los accionistas. Pero a él no debían preocuparle los accionistas. Debía pensar sólo en sí mismo, en si merecía la pena vivir en un subterráneo, con los pequeños placeres y alegrías que quizá podría aportarle ese tipo de existencia, o acabar de una vez y olvidarse de que alguna vez existió. Pero estaba claro lo que quería la Compañía.

El doctor Urrutia interrumpió las reflexiones de Leopoldo.

-¿Ha tenido ya bastante? ¿Quiere contemplar más tiempo lo que fue su mundo? Cuando desee, volveremos al interior.

Leopoldo no respondió. Desatendiendo el apremio, barrió con la mirada todo lo que podía abarcar con la vista. Quería registrar esa última visión en su memoria, pues ya no volvería a este mirador. No volvería a utilizar el ascensor, según le había informado el doctor Urrutia. Esa circunstancia le hacía valorar más las cosas que veía. Quería aprehenderlas en su memoria, guardarlas para los días que se avecinaban, que presentía monótonos y no muy alegres.

Por fin Leopoldo se decidió a bajar. Durante el descenso los dos hombres permanecieron en silencio. El doctor Urrutia le acompañó hasta su habitación. Allí, en la puerta, le dijo:

-Mañana es el día de la gran decisión. Vendrá un funcionario con una tablilla electrónica especial donde usted deberá elegir si prefiere seguir viviendo o la eutanasia. Medítelo en recogimiento. Hasta ese momento nadie vendrá a perturbar su paz. Adiós.

El doctor Urrutia se perdió por el pasillo y Leopoldo se quedó allí, en el umbral de su habitación, parado, sin decidirse a entrar. No le apetecía encerrarse en su habitáculo, un recinto sin el más mínimo rasgo de personalidad, de confort, de hospitalidad. Pero tampoco podía permanecer en el pasillo. Leopoldo entró. Habían hecho la cama y en su centro, con el título hacia él, el tablero de lectura encendido: *Sentencias de la Tierra Errónea*. Insistían. Estaba claro cuál era la decisión que a la Compañía le interesaba que eligiese. Leopoldo tomó el tablero de lectura y fue a guardarlo en el cajón de la mesilla. Como curiosidad eligió una página al azar. Apareció esta frase:

"La vida es un esfuerzo digno de mejor causa".

Era de un tal Karl Kraus. Muy oportuno. Demasiado. Como si el libro tuviera vida propia o estuviera dirigido su escudriño por los intereses de la Compañía. Leopoldo dejó el tablero en el cajón y se tumbó sobre el lecho. Mañana tenía que tomar la decisión. Debía sopesar las alternativas. Qué gran final vivir, pero qué triste; pobre elección la muerte, pero qué alivio. Esa noche no durmió.

Después del desayuno, donde junto al consabido jugo le habían dado una tableta semisólida, como un turrón muy blando, y que le supo a gloria, se vistió con un mono especial que le habían proporcionado y se dispuso a esperar al funcionario que le traería la tablilla donde habría de estampar su firma biológica, que consistía en aplicar el índice sobre una superficie que reconocía el ADN. Poco tuvo que esperar. Dos hombres uniformados se identificaron ante Leopoldo como enviados de la Compañía. Uno de ellos extrajo una tablilla electrónica y la encendió. Luego se la entregó a Leopoldo. Leopoldo vio que en la pantalla de cristal líquido figuraban sus datos personales y su código genético. Debajo, dos cuadrados bajo los rótulos: Eutanasia y Vida. Leopoldo ya lo había decidido. Con cierto nerviosismo puso su índice bajo la casilla de Vida y apretó. La tablilla emitió un sonido de error al tiempo que mostraba un número con muchos dígitos. Consideró Leopoldo que debía tratarse de un código de error por no haber puesto el dedo en el centro del recuadro y volvió a presionar su índice sobre la casilla de Vida, esta vez con más cuidado. La tablilla emitió el mismo sonido y mostró la misma cifra. Leopoldo preguntó al hombre que le había dado la tablilla qué significaba esa cifra tan larga. El hombre uniformado le contestó, con voz estudiadamente neutra, que esa cifra representaba el coste que supondría a la Compañía hacerse cargo de él durante los 57 años aproximadamente que le restaban de vida. Leopoldo miró a la cara del hombre y este sonrió imperceptiblemente. Pero fue suficiente. Leopoldo comprendió.

Since ther's no helpe
Come let us kisse and part
(Michael Drayton)